ET SI DEMAIN TOUT S'INVERSAIT

Sonia Mabrouk

ET SI DEMAIN TOUT S'INVERSAIT

roman

Fayard

Dans tes yeux de disparue,
j'entrevois le jardin du paradis.
À maman.

Prologue

« Et si demain tout s'inversait ? » Cette question, je me la pose depuis des années. Et si l'inimaginable devenait réalité ? J'ai plongé mon stylo dans le bleu de la Méditerranée pour tracer les contours des personnages de ce récit écrit d'une traite, comme si je l'avais déjà vécu. La menace très actuelle d'une guerre totale sur le continent européen a confirmé mon intuition. C'est ainsi que tout a commencé.

Dans les débats politiques, le sujet de l'immigration est prépondérant. On y parle de chiffres qui explosent, de submersion annoncée, de gouvernements dépassés et d'identités effacées. Le thème a été traité sous tous les angles, ou presque. Une seule hypothèse, perspective vertigineuse, n'a jamais été évoquée. Elle est au cœur de ce livre dans lequel je décris, ou peut-être anticipe, un renversement complet de la situation.

La journaliste que je suis, la femme franco-tunisienne qui porte une histoire personnelle, s'est toujours interrogée sur les trajectoires humaines et civilisationnelles qui se dessinent. Le mythe fondateur de l'opposition Occident-Orient nourrit mon imaginaire.

Entre témoignage intime et pamphlet sur nos sociétés désenchantées, mon objectif est d'inviter le lecteur à concevoir l'inconcevable qui pourrait advenir demain. Bien qu'il s'agisse d'une fiction dans laquelle j'ai laissé s'évader mon inspiration, cette histoire n'est pas que le fruit de mon imagination. Dans un monde instable, elle est parfaitement vraisemblable.

Des dizaines de milliers de réfugiés arrivent sur les côtes sud de la Méditerranée. Ils cherchent à fuir une guerre qui s'est propagée à toute l'Europe. Français, Italiens, Espagnols ou Allemands, tous attirés par une nouvelle Terre promise, abandonnant leurs contrées chrétiennes.

Des familles entières traquées par les bombardements russes ont dû se résoudre, la mort dans l'âme, à l'exil en terre d'islam. Elles forment une marée humaine sans fin. Venues chercher un semblant de paix et de sécurité, elles vont se retrouver confrontées à la précarité de la vie dans les camps de migrants et aux préjugés des populations locales. Motivés par la défense de leur identité arabo-musulmane, les pays du Maghreb appliquent une politique migratoire très stricte. Il en va de l'équilibre des civilisations. Mais n'est-il pas déjà trop tard ?

Craignant le scénario d'un grand remplacement de son peuple, la Djalmanie, petit État imaginaire coincé entre la Libye et l'Égypte, exige des réfugiés occidentaux une assimilation à marche forcée. Les autorités locales évoquent « les heures les plus sombres de notre histoire ». Un parti populiste, « La Djalmanie d'abord », impose une conversion à l'islam en échange du statut de réfugié. Des brigades spécialisées sont chargées de vérifier que les nouveaux convertis, appelés les « décroisés », respectent à la lettre les cinq piliers de leur nouvelle religion. À défaut de les mettre au pas, les *kouffar* (mécréants) sont expulsés vers leur pays en guerre. La peur et l'anarchie règnent en maîtres. De l'autre côté de la Méditerranée, la France ploie l'échine sous les bombardements russes et les scènes de guerre civile. Un dernier carré défend encore ce que fut la France. Pour combien de temps ?

Ce récit risque de bousculer et de malmener vos consciences. Entre une guerre féroce ou le plus terrible des exils, qu'auriez-vous choisi ? Entre protéger sa famille ou risquer de perdre son identité, y a-t-il vraiment le choix ? Quel est-il ? La résistance ou l'allégeance ?

Le temps d'un nouvel imaginaire est venu. Ce voyage est le vôtre, celui où se mêlent Hannibal, Scipion l'Africain, Saladin, Saint Louis et les rois chrétiens des croisades. L'heure des décroisades a sonné.

1

Il flotte dans l'atmosphère une odeur de mort salée.

C'est l'une des pires tragédies maritimes des dernières décennies. Trois cents migrants sont portés disparus après le naufrage d'un bateau au large des côtes méditerranéennes. En pleine nuit, le navire a cédé à la violence des vagues après une panne de moteur suivie d'un choc non identifié. Il n'aura fallu que dix minutes pour que l'embarcation soit avalée par des eaux furieuses comme une vulgaire maquette en bois. Six cents secondes se sont étirées comme des siècles pour les rares survivants. Les gardes-côtes libyens et djalmaniens ont repêché une centaine de corps sans vie. Parmi eux : des femmes, des enfants et des jeunes hommes en nombre. Tous ont cherché à fuir les conséquences de la guerre entre la Russie et l'Europe. Deux patrouilleurs et un hélicoptère militaire de sauvetage continuent d'inspecter les eaux entre la petite île italienne de Lampedusa et le cap de Libou à la pointe nord-ouest de la Djalmanie, petit pays de douze millions d'habitants coincé entre la Libye et l'Égypte. L'étendue de la zone de recherche laisse peu d'espoir de retrouver des rescapés. Des vêtements et des morceaux d'épave jaillissent des entrailles de la bête sous forme de masses bouillonnantes. Dans le ciel aux couleurs violacées, les prières s'élèvent mais ne rencontrent aucun écho. La mélopée dévote laisse place à un profond silence.

Un oiseau vert à la tête semblable à celle des grands prédateurs survole la zone. L'*ababil* est un animal mythologique. Il est dit dans le Coran qu'il a protégé La Mecque en jetant des pierres sur les éléphants d'une armée ennemie prête à détruire la Kaaba. Dans la tradition musulmane, ces volatiles sont considérés comme des héros ayant réussi l'exploit de lapider les soldats mécréants. Ce soir, au-dessus des eaux au reflet vif-argent, son ballet incessant semble prédire le pire.

La France et l'Espagne s'apprêtent à déclarer trois jours de deuil national. Les deux États paient un lourd tribut, leurs ressortissants comptent pour deux tiers des disparus.

2

Quelques jours avant la tragédie, une photo de mauvaise qualité diffusée par les autorités algériennes montrait un chalutier décrépit surchargé de malheureux entassés sur le pont, de la proue à la poupe. Une ONG marocaine avait réclamé en vain l'intervention des secours. Ce n'est pas le premier et ce ne sera pas le dernier drame en mer Méditerranée.

Sur les sept premiers mois de l'année, neuf cents candidats à l'exil ont trouvé la mort. Depuis le déclenchement du conflit entre la Russie de Boris Babotchkine et l'Union européenne, des centaines d'embarcations se sont élancées depuis les ports de Kalamáta en Grèce, de La Valette à Malte ou encore de Scogliti en Sicile. Brisées par des années de guerre et obsédées par l'idée de trouver un peu de sécurité, des centaines de milliers de familles européennes ont laissé derrière elles leurs maisons et leurs souvenirs pour démarrer une nouvelle vie dans l'un des pays du Maghreb. Face à un Occident agonisant, l'Algérie, menée d'une main de fer par le général Amirouche, la Djalmanie, sous l'emprise de l'autocrate Abassi, la Tunisie, dirigée par le technocrate à tendance islamiste Chouachi ou encore le Maroc, avec le roi Moulay el-Hassan incarnent des pôles de stabilité.

Les guerres dites modernes sont aussi sales que celles d'antan. Point de tranchées boueuses ni de gueules cassées, mais des nuages de drones tueurs et des canons lasers capables d'émietter instantanément une cible. Les femmes restent les premières victimes de ces conflits et les dernières à être représentées dans les efforts de paix.

L'Amérique n'est pas indifférente et encore moins étrangère à cette guerre, comme d'habitude. George Prescott Bush Jr., dernier président des États-Unis, a débloqué une flopée de milliards pour venir en aide aux pays européens. Descendant direct de la dynastie Bush, le jeune et fringant avocat a été, depuis sa plus tendre enfance, programmé pour diriger. S'il est solidaire de la vieille Europe, il n'entend pas pour autant engager son pays et ses boys dans un tel chaos de fer et de feu. Lors d'une courte allocution télévisée, celui qui se présente comme le digne héritier de la « famille Amérique » a exclu toute intervention militaire directe. Le scénario de l'isolement diplomatique fut ainsi privilégié. Baptisé *Orbite*, il a été élaboré il y a une quinzaine d'années par la CIA dans le seul but de protéger les intérêts américains. L'agence centrale de renseignements avait alors émis plusieurs hypothèses, dont celle d'un repli total des États-Unis sur eux-mêmes. Histoire d'éviter tout risque de contagion militaire en cas de conflit majeur avec la Russie, la Chine, l'Iran ou tout péril induit par les dangers nucléaires de l'Inde et du Pakistan. Désormais, les pays européens ne peuvent compter que sur eux-mêmes. Accusés depuis des années de ne pas suffisamment contribuer au budget de l'Alliance atlantique, l'Oncle Sam a décidé de les faire payer cash. Le piège a fini par se refermer sur une Europe devenue le théâtre des pires exactions. Qui aurait pu le croire et, surtout, le deviner ? s'interrogent en boucle les journaux internationaux. Un homme avait pourtant tenté de prévenir du pire, mais les chancelleries occidentales avaient jugé son discours et ses positions trop alarmistes, voire complotistes. Henri de Saint-Cyr, chef d'état-major des armées françaises, n'a eu de cesse qu'il ne prévienne en vain sur la dangerosité du Russe Babotchkine, qu'il a toujours dépeint comme un nationaliste forcené. Avec sa voix grave et son phrasé élégant, le général d'armée avait alarmé sans détour le chef de l'État.

— Monsieur le Président, c'est une erreur de considérer le leader russe comme un ami. Il ne l'a jamais été et il ne le sera jamais ! Je me permets de vous mettre en garde. Nous prenons la mauvaise direction. Il y va de notre survie, de la survie de l'Occident. Mon rôle... ma mission... mon devoir est de vous en avertir. Je vous en conjure, changez votre opinion sur Babotchkine avant qu'il ne soit trop tard.

— Je comprends votre position, Saint-Cyr, mais Babotchkine n'est pas celui que vous croyez. Il fait partie d'une génération de dirigeants capables de travailler main dans la main avec l'Occident. Il connaît son intérêt. Et nous ne devons pas perdre de vue le nôtre.

— Je me permets d'insister. C'est un roublard. Il est diaboliquement retors.

— Bien. C'est un fait. Nous ne sommes pas du tout sur la même longueur d'onde sur ce sujet mais je vous garde ma confiance pour l'instant. À l'avenir, je vous demanderai de ne plus en parler et de cesser de faire état de nos divergences en public. Je n'aime pas les échos qui me parviennent. Arrêtez de vous répandre, Saint-Cyr !

— Me répandre ? Je ne l'ai jamais fait, Monsieur le Président. Ce n'est ni dans mon tempérament ni dans mes valeurs, et encore moins dans mon éducation.

— Ah ! Votre éducation... bien sûr. Vous ne manquez pas une occasion de me rappeler vos origines et votre milieu privilégié. Tout le monde voit en vous l'héritier de votre illustre ancêtre François Athanase de Saint-Cyr, un héros, lui ! Un visionnaire aussi. C'était un homme discret, secret...

— Monsieur le Président, puisque je vous dis que je n'ai jamais fait état de nos différences...

— Dans ce cas, maîtrisez vos hommes ! N'oubliez jamais que c'est moi qui décide ici. Je suis le président élu. Et peu importe si vous pensez que le peuple a eu tort, je suis le seul à être légitime à la tête de la France.

— Monsieur le Président, jamais je n'ai...

— Ça suffit ! Babotchkine est un allié de la France. C'est comme ça et pas autrement. Et surtout, nous avons besoin de leur gaz. La société russe Novatek vient de découvrir d'énormes gisements à Bukharinskiy. Vous croyez peut-être qu'on va s'en passer ? C'est une nouvelle ère qui s'ouvre, vous comprenez ? Une nouvelle ère, Saint-Cyr ! Le patron de Novatek, Vladimir Kouprianov, est quelqu'un de bien. Je vous le présenterai. Je vous répète que c'est une nouvelle ère ! Vous verrez, Saint-Cyr, vous verrez !

Habile rhéteur, fin stratège, Babotchkine a réussi à duper les Occidentaux. Plusieurs pays européens dont la France, l'Allemagne, l'Espagne, la Grèce et la Pologne estiment qu'il est temps d'écrire une autre page avec cette Russie nouvelle. Grossière méprise. Babotchkine, ex-oligarque qui n'a jamais mis de bornes à ses ambitions, se révèle être le roi des fourbes. Cultivant une sorte de bonhomie tranquille, cet amateur de vin rouge français et de plats en sauce a dupé habilement ses interlocuteurs du G7 en leur servant un discours lénifiant aux accents pro-occidentaux avant de lancer une attaque préventive contre la France. Histoire de punir ses supposées prises de position contraires aux intérêts du peuple russe. Cette attaque, aussi soudaine que brutale, a provoqué une déflagration dans le monde entier.

Pour mieux justifier ce basculement inédit, Babotchkine a affirmé avoir entendu une voix intérieure lui intimant l'ordre de restaurer la grandeur de la civilisation slave. Cette allusion directe à Hitler qui affirma, après l'abdication de l'empereur et l'armistice du 11 novembre 1918, avoir été appelé, en pleine crise de mysticisme, à restaurer la grandeur de l'Allemagne avait glacé l'Occident. La riposte instantanée de Paris a marqué le début de la guerre. Les premières images du conflit ont sidéré la planète !

L'impensable était arrivé.

Très vite, le système des alliances s'était mis en branle avec quelques problèmes au démarrage. L'Italie et l'Angleterre avaient attendu que les pays Baltes soient agressés et que la Belgique soit attaquée pour se lancer enfin à leur tour dans la bataille. Un fait qui n'est pas sans rappeler l'entrée en guerre tardive de ces deux mêmes nations en 1915, face à l'Allemagne. Rapidement, la menace atomique fut évoquée.

— Je vous le dis sur un ton grave et solennel, ce danger ne doit pas être sous-estimé, l'option est sur la table, alerte sans détour Sergueï Broussilov, le ministre russe des Affaires étrangères.

Dans la foulée, la France menaça de déployer les composantes maritimes et aériennes de ses armes atomiques. Jamais un tel scénario de catastrophe mondiale n'avait été aussi prégnant, d'autant que le club très fermé des détenteurs de cette arme de l'apocalypse s'était élargi depuis dix ans. Malgré la pression israélienne et américaine, l'Iran avait réussi, au nez et à la barbe des inspecteurs de l'Agence internationale de l'énergie atomique, à produire des particules d'uranium d'une pureté de quatre-vingt-dix pour cent. Le stock iranien atteignait désormais un niveau record. Téhéran s'était donné les moyens de pouvoir menacer directement les intérêts vitaux des grandes puissances occidentales. L'axe géopolitique russo-iranien risquait ainsi de faire très mal aux Européens. Cette situation donnait lieu à de vives tensions entre alliés supposés.

Le président français fut accusé par son homologue américain d'avoir sous-estimé la capacité de nuisance iranienne. L'administration de George Prescott Bush Jr. parla même d'attitude munichoise, dénonçant un comportement de « serpillière » de l'Hexagone. Les renseignements américains allèrent jusqu'à dresser des listes noires de personnalités politiques et médiatiques françaises soupçonnées d'être pro-Iran et coupables d'avoir diffusé l'idée selon laquelle une bombe iranienne serait un élément stabilisateur dans la région. Les relations américano-françaises étaient si tendues que les ambassadeurs furent rappelés en urgence dans leurs pays respectifs.

Incapable de trancher sur les dossiers internes brûlants, le président français François Bernard se révéla, sans surprise, tout aussi hésitant et confus sur la scène internationale. Son manque d'acuité sur la réalité des problèmes est raillé, y compris dans son propre camp. « C'est le nouveau Chamberlain », persiflait régulièrement le vice-président de son parti, Le Nouveau Centre. La comparaison avec l'ancien Premier ministre britannique lui collait à la peau. Bernard s'était rapproché de l'Iran en vantant une politique d'apaisement tout comme Neville Chamberlain l'avait espéré en imaginant le régime nazi concentrer ses efforts en 1938 sur le communisme à l'est si d'importantes concessions lui étaient offertes. L'exact inverse se produisit. Le régime de Téhéran profita de la mollesse du chef d'État français pour induire en erreur l'ensemble de la communauté internationale et développer un arsenal nucléaire aussi important que terrifiant.

Si l'Iran entrait en guerre aux côtés de la Russie comme le redoutaient les Occidentaux, le monde basculerait immédiatement dans un affrontement qui menacerait l'existence même de l'humanité. Pour l'heure, le conflit restait maîtrisé, mais pour combien de temps ?

3

Lorsque l'horreur de la guerre survient, les gens ont tendance à se souvenir de l'endroit où ils étaient au moment où les sirènes se sont mises à hurler leur angoisse comme des chiens errants.

Ce jour-là, Aurélien et Louise Dubreuil faisaient les courses avec leurs deux enfants de cinq et neuf ans, Mattéo et Mathieu.

Dans le Caddie de cette famille de la banlieue pavillonnaire de Paris, de la moutarde sans sucre ajouté, quatre filets de poulet, des lentilles, du fromage blanc, trois packs de yaourts au soja, du lait aromatisé au chocolat et une bouteille de vin de Bordeaux Château-Mazerolles. C'était hier, c'était il y a deux ans. Vingt-quatre mois plus tard, le frigo est de plus en plus dégarni. La France subit de plein fouet une crise alimentaire inédite qui s'abat sur toute l'Europe.

Les prix des denrées ont augmenté de soixante-quinze pour cent, provoquant d'immenses files d'attente, appelées « files de la faim », devant les rares points de distribution gratuite de nourriture dans tous les quartiers des grandes capitales. Paris est quasiment en état de siège. Malgré la décision du gouvernement d'union nationale, formé au lendemain du début de la guerre, d'ouvrir des cantines à prix très bas pour les plus démunis, la famine menace. Les poissons de la Seine sont de plus en plus prisés. La population mange ce qu'elle a sous la main.

À ce cortège de noirceurs s'ajoute une guerre civile entretenue par des commandos d'autodéfense armés jusqu'aux dents. Chaque groupe joue sa survie. Les dealers et les proxénètes sécurisent et protègent leur business, tandis que les islamistes, aidés par des miliciens étrangers, aggravent la dislocation nationale à l'œuvre. Face à ces menaces, des organisations, dites « cellules patriotiques pour la sauvegarde de la France », les CPSF, se sont formées pour organiser la résistance et contrer les ennemis de l'intérieur.

Malgré leur déploiement, les pillages et les agressions de toutes sortes se multiplient aux quatre coins du pays. En province et dans les compagnes, des barricades fumantes délimitent les rares zones encore épargnées. Chaque soir, de violents combats de rue occasionnent des dizaines de morts. Des églises sont transformées en morgues de fortune. Chaque camp accuse l'autre des pires crimes. Rien ne semble pouvoir arrêter le carnage. Une forme de démence s'est emparée des hommes. Ici et là, des scènes de lynchage sont célébrées par une foule survoltée. La haine s'est enkystée dans les esprits.

La France ressemble à un habit d'arlequin.

Aurélien ne le supporte plus et craint les dangers courus par sa famille. Deux ans après le déclenchement de la guerre, il ne voit aucun espoir de sortie de crise. Il est temps de partir. Il le sent au plus profond de son être. L'heure a sonné…

Louise a peur de comprendre les intentions de son mari : il veut fuir leur pays et tenter, comme tant d'autres Européens, la traversée de la Méditerranée. Quelle folie ! Quelle ironie, estime-t-elle. Elle ne peut se résoudre à vivre l'exil. Ce ne sont plus les Africains, les Maghrébins et tous les miséreux de la Terre qui rêvent, au risque d'y laisser leur peau, de l'eldorado français, anglais, italien ou encore allemand, mais ce sont des réfugiés occidentaux qui se précipitent depuis deux ans sur de fragiles embarcations en mer, direction le Sud. Une flotte rouillée transportant des destins brisés par la guerre. Qui aurait pu imaginer que les flux migratoires puissent s'inverser de sorte que les Européens soient contraints de quitter leurs terres respectives pour rejoindre des régions encore épargnées par la guerre ? Louise sent son corps frissonner de peur, son souffle se fait soudain si bruyant qu'elle pose machinalement la main sur sa bouche pour l'étouffer. Tentant de reprendre ses esprits, elle est assaillie par de nouvelles pensées anxiogènes. Une image en particulier la harcèle. L'invraisemblable spectacle d'épaves échouées sur les côtes du Maghreb et de corps entassés comme des grumes dans les cales de cargos-cercueils. Toute la nuit des camions militaires ont ramassé des couches humaines superposées tandis que montait du rivage une lecture solennelle de textes sacrés sous forme de récitation coranique. Les notes rappelaient les mélodies des récitants du Levant d'autrefois. Encore une flotte émigrante engloutie. Pour chasser pareille idée de son esprit, elle prie Dieu et invoque tout à la fois la rédemption, l'espérance, les anges et la miséricorde.

Même un miracle ne suffirait pas à modifier le cours des choses. L'exode est massif, amplifié par une brusque accélération du bouleversement climatique. D'incessantes pluies diluviennes ont récemment défiguré le département des Bouches-du-Rhône. Louise ne parvient pas à arrêter ce film angoissant qui se joue dans sa tête. Les rues de Marseille et de Cassis transformées en véritables torrents. Les épisodes méditerranéens de plus en plus violents du sud de l'Europe qui contraignent en urgence des relocalisations de milliers de victimes naufragées. Même l'institut de recherche américain Climate Central prévoit la submersion totale de nombreux littoraux d'ici à dix ans.

4

La France a changé de visage. En Charente-Maritime, dans les Hauts-de-France et en Normandie, les paysages sont méconnaissables. Attaquées par la mer qui ne cesse de monter, toutes les falaises de la côte d'Albâtre se sont effondrées comme de délicats châteaux de cartes. Il ne reste plus rien de celle de Saint-Jouin-Bruneval. Des centaines de milliers de mètres cubes de pierres se sont écroulés dans un fracas venu d'outre-tombe. Et la situation ne cesse d'empirer.

Les États-Unis et l'Europe ont connu des températures infernales, dépassant les 50 °C. En Italie, Venise n'existe plus. Les digues flottantes ont cédé. La montée des eaux couplée à la spécificité de la géologie locale a eu raison de la Cité des Doges. La plupart des Vénitiens ont trouvé refuge sur l'île de Murano partiellement préservée. Entassés dans la basilique Santi Maria e Donato, ils prient sous les trois nefs soutenues par d'imposantes colonnes de marbre grec. L'immense Vierge en mosaïque datant du IIe siècle semble sourde à leurs suppliques.

Dieu S'est éclipsé. Sans doute a-t-Il compris qu'aucun miracle ne pouvait venir à bout de la folie des hommes. Arrivera bientôt le jour où les vivants jalouseront la paix éternelle des morts.

Abasourdie, Louise ingère jour après jour les informations.

La réalité climatique n'est pas meilleure de l'autre côté de la Méditerranée, mais au moins, les populations ne subissent pas de double peine avec les conséquences immédiates de la guerre russo-européenne. Tous ces éléments combinés ont donné lieu, il y a une quinzaine de jours, à une scène inédite en pleine nuit à Melilla, minuscule enclave espagnole dans le nord du Maroc. Sur leur écran de contrôle, les caméras thermiques de la police marocaine ont repéré une centaine de candidats à l'exil s'élançant vers la frontière pour franchir les trois barrières qui séparent l'Espagne du royaume chérifien. Sous le poids des clandestins, le dernier mur de barbelés a fini par s'écrouler, faisant une vingtaine de morts. Depuis quelques mois, Melilla est devenue la principale porte d'entrée vers le Maghreb, avec Ceuta. Malgré la hauteur des murs de fer et leur renforcement par un entrelacement de câbles, rien ne semble empêcher des dizaines de milliers de migrants européens de tenter leur chance. Telles des fourmis nomades inarrêtables, de plus en plus de familles occidentales migrent vers le Sud.

Son mari, Aurélien, cuve sa colère. Il n'est pour rien dans les bouleversements climatiques en cours et encore moins dans la guerre qui mine le continent européen, toutefois, il s'en veut d'avoir trop longtemps tergiversé sur l'éventualité d'un départ. Aujourd'hui, il en est certain, il faut partir. Sa décision est prise. Bientôt, il l'annoncera à Louise. Mais comment lui présenter la chose ? Ses lèvres se crispent rien qu'à l'idée de lui en parler. Le père de famille craint la réaction de sa femme, non pas que Louise soit dotée d'un caractère ombrageux, bien au contraire, la jeune trentenaire, brune hiératique aux yeux bleu profond cerclés de khôl noir, est de nature plutôt avenante. Conseillère spéciale auprès du ministre des Affaires étrangères depuis quelques mois, Louise connaît mieux que personne les risques d'une traversée en mer, en particulier avec de jeunes enfants.

Aux premières loges au Quai d'Orsay, elle a rédigé le communiqué pour arrêter le bilan du terrible naufrage dans les eaux djalmaniennes. La Méditerranée pue la mort. La mort d'Occidentaux en nombre. Sur les trois cents migrants récemment disparus en mer, seulement quinze d'entre eux ont survécu. Les rescapés racontent tous la même scène d'horreur. Quelques minutes après la panne moteur, la proue a subi un choc.

La coque du navire a été déchirée d'une profonde balafre causée par un récif et l'eau s'y est engouffrée de toutes parts. Des vagues atteignant quinze mètres de haut se sont abattues sur le pont tordu sous le poids de l'eau comme un corps déformé par la douleur. Le naufrage devenait inéluctable. Sur les visages blêmes, la peur s'enkystait dans la moindre ridule. Les pompes de cale ont cédé et les mousquetaires ont sauté les uns après les autres dans un furieux vacarme. Sous une lune évanescente, s'étendait une mer de mousse blanche comme sanctifiée par une lumière venue d'ailleurs. Prisonniers d'une nappe glacée, des corps flottant dans de dérisoires assemblages de chambres à air en guise de gilets de sauvetage dérivaient sur des kilomètres. Pauvres âmes qui s'envolaient les unes après les autres. Toute une cargaison humaine avalée sous la ronde mythique de l'*ababil*.

Les rares survivants ont en tête le chant le plus terrible jamais entendu par l'oreille humaine, celui des cris avant l'engloutissement total. Qu'il paraît long le temps dans ces instants où les hommes luttent comme des bêtes sauvages pour survivre.

On le croirait tout droit sorti de la galerie des Offices, le palais de Florence abritant les plus grands chefs-d'œuvre de la Renaissance. Le visage d'Aurélien Dubreuil est presque semblable à ceux des ducs d'Urbino peints par Piero della Francesca. L'austère sévérité de sa figure contraste avec une chevelure bouclée légèrement en bataille. Opiniâtre et un brin opportuniste, le jeune pédiatre a acquis une notoriété dans son domaine en publiant des ouvrages aux titres évocateurs : *Le Monde de l'enfant transgenre* ou encore le dernier en date, *La Civilisation de la transidentité*. Partisan médiatique des théories du genre, le Dr Dubreuil a réussi à imposer ses vues dans nombre d'universités où de telles thèses sont désormais majoritaires. Défenseur du concept de la réattribution sexuelle, il a facilité le changement de sexe à des adolescents ayant manifesté très tôt un malaise avec leur corps qualifié de « sexué ». Doué dans les affaires, le docteur du sexe, comme l'appellent ses patients-clients, a développé avec Amazon Studios une série à succès encourageant les plus jeunes à la métamorphose radicale. Réalisé en partenariat avec l'université nord-américaine Brown dans l'État du Rhode Island, le programme a été suivi par des millions de jeunes Européens convaincus que leur civilisation doit devenir celle de la fameuse réattribution sexuelle. L'objectif étant de convertir des enfants de plus en plus petits à cette religion dont Aurélien est un croyant modéré, davantage intéressé par les bénéfices induits, que véritablement mû par des convictions profondément ancrées.

Sous couvert d'un jargon de santé publique, il a réussi à imposer sa doxa au cœur de l'agenda politique français expliquant que les très jeunes trans n'ayant pas accès à la chirurgie ou aux traitements hormonaux adéquats étaient des victimes d'une société conservatrice, inégalitaire et discriminante.

Dès lors, tous ceux qui se sont opposés à son dessein ont été menacés de sanctions allant jusqu'à la prison ferme. Les parlementaires ont fait voter une loi instaurant le délit de non-solidarité avec les personnes souhaitant changer de sexe, de sorte qu'un discours contraire aux théories du genre pouvait désormais conduire à la détention pour des faits aggravés de transphobie. « La transition chez les mineurs est le plus grand progrès des dernières années, et peut-être même du siècle », a assuré le magazine *Télérama* au lendemain de l'adoption de la loi, dite loi Dubreuil. Immédiatement, les demandes de consultation en centres spécialisés ont explosé. Nombreux ont été celles et ceux qui voulaient changer d'identité sexuelle en ayant recours aux hormones et à la chirurgie. Les réseaux sociaux rivalisaient de vidéos mettant en scène de très jeunes enfants à l'allure androgyne, heureux de pouvoir annoncer leur « renaissance », le tout se déroulant sans grande résistance de la société. Félicité pour la qualité de ses travaux à la suite de la récente publication d'un article sur « les manifestations subites de dysphorie de genre chez les enfants » dans une revue médicale réputée, le médecin s'était vu remettre les insignes de chevalier de la Légion d'honneur. Tous l'avaient chaleureusement congratulé. À l'exception de sa femme.

Louise n'est pas vraiment adepte des théories du genre et encore moins de la promotion du changement de sexe qu'elle assimile à une forme d'emprise idéologique. La jeune mère de famille est horrifiée de voir ce qu'elle considère comme des mutilations se multiplier en Occident sans véritable opposition ni sursaut de la société. Ce sujet occasionne de nombreuses disputes au sein du couple.

— Tu te rends compte que la plupart de ces enfants sont des cobayes ! C'est terrifiant... Je ne sais pas quoi dire ! Quelle sera la prochaine étape ? Qui seront les suivants sur la liste ? Nos enfants ? Dis-le-moi ! Est-ce que ce seront nos enfants ?

— Arrête, Louise ! On en a parlé des centaines de fois. Il s'agit de mon travail ! Mon travail, Louise !

— Tu appelles ça un travail ?! Mais que vont devenir tous ces enfants plus tard ? Hein ? Que vont-ils devenir ? T'es-tu posé la question ?

— Des adultes épanouis, voilà ! Ça suffit, maintenant !

— Tu plaisantes ? Tu as vu le nombre de suicides qui a explosé ? Qui en parle de ça ? Hein ? Qui ose le dénoncer ? Sûrement pas tes amis de *Télérama* qui te mettent à l'honneur...

— Louise, ça s'appelle le progrès. Ça te dépasse, tout ça. Tu ne comprends pas ce qui est vraiment en jeu. Et d'ailleurs, ça nous dépasse tous. Tu ne peux pas aller contre la marche du progrès. C'est celle de l'Histoire. Il faut s'éveiller à ça. Il est question de justice dans le combat que je mène. Tu entends ? De justice ! Tous ces enfants vont pouvoir choisir qui ils sont. Voilà le vrai progrès. Ces enfants vont pouvoir renouer avec leur véritable identité.

— Mais ce sont des gosses, Aurélien ! Ils ne connaissent pas encore leur identité ! C'est l'environnement qui les influence, qui leur met ça dans le crâne ! C'est du lavage de cerveau ! Et une forme de maltraitance.

— Tu me crois vraiment capable de faire du mal à des enfants ? explose Aurélien, excédé.

Qu'il semble loin désormais le temps de leurs vaines disputes. La guerre et son lot de préoccupations prosaïques ont balayé les états d'âme et les croyances de Louise. D'éducation catholique, Louise de Charrette, épouse Dubreuil, est née à Paris, dans le quartier de la Porte-Dorée. Engagée plutôt à droite, elle fut journaliste pour le quotidien régional *La Falaise*, dans le Sud-Ouest, avant de revenir dans la capitale pour y intégrer les cabinets ministériels.

Mais au-delà de la politique, c'est la France, l'amour de son pays, de son histoire, qui passionne cette jeune femme issue d'une lignée d'éditeurs et d'écrivains de renom. La vie de son père, Pierre-Henri de Charrette, tient du roman. Après avoir hésité entre l'armée et le monastère, il épousa finalement la littérature, pour le meilleur.

Épris de liberté, l'auteur du best-seller *L'Abdication de l'imaginaire français* fut le farouche défenseur d'une France éternelle qu'il a vue disparaître sous les coups de boutoir des partisans du wokisme et des complices de l'islamisme. Opposé à l'alliance de sa progéniture avec le fils Dubreuil, il a vécu le mariage de sa fille comme le dernier clou enfoncé dans le cercueil de la France. Il finira malgré tout par pardonner cette mésalliance, à la naissance du premier enfant du couple, Mathieu. Doté d'une âme de mousquetaire et d'un goût certain du panache, l'homme n'aurait sûrement pas supporté de voir son pays aussi malmené dans la guerre actuelle. Pierre-Henri de Charrette est mort quelques mois avant le déclenchement des hostilités, laissant pour principal héritage à Louise le goût des églises, l'amour des paysages et une certaine idée de son pays mêlant, dans son panthéon personnel, Chateaubriand, Tocqueville, Saint-Exupéry, sans oublier Cyrano de Bergerac. Autant de noms qui ne disent plus rien à la nouvelle génération incarnée par ses petits-enfants. Le père de Charrette a traversé la vie comme un amoureux ardent a sillonné les chemins de l'identité de son pays. L'œil bleu vif, ce dandy, toujours tiré à quatre épingles, a fait de l'existence son théâtre.

Caustique et anticonformiste, loin des trottoirs germanopratins, il a su, à l'aune de ses écrits, tresser la fine broderie d'une constellation immémoriale aujourd'hui jetée aux oubliettes. Sa fille le regrette, mais elle sait que cette guerre-là est perdue. Les partisans de la déconstruction de l'âme française ont d'ores et déjà remporté la bataille. Ils ont taillé sans ménagement dans le ramage du vieil arbre national, cassant net son legs millénaire. La terre de ses ancêtres ressemble à une belle demeure en ruine dont les occupants ne savent plus où ils habitent. Pourquoi ne convoque-t-on plus les grandes figures de l'Histoire ? se désespère-t-elle. Louise s'était battue dans différents cabinets ministériels pour que les héros du passé soient davantage mis en avant. Mais chaque fois, on la renvoyait à une vision rance du roman national.

Parfois, elle se surprend à rêver d'une armée de gargouilles et d'un imaginaire retrouvé comme par enchantement. Elle a toujours considéré que son pays n'était pas simplement une géographie ou une histoire, mais aussi une façon de voir et d'appréhender le monde. Toute la corbeille du langage ne suffirait d'ailleurs pas à décrire l'amour qu'elle ressent pour sa terre natale. Mais aujourd'hui, jetée dans le chaos, qu'est-ce qui doit primer ? L'amour de la patrie ou la sécurité de ses enfants ?

5

Louise est aujourd'hui sommée de choisir. Partir pour tenter d'offrir un avenir loin de la guerre à ses enfants, comme l'exige Aurélien, ou rester et résister à la manière de Charrette. La fièvre au cœur, elle se souvient de son ancienne vie. Une existence sans coup de vent jusqu'à ce terrible jour du grand basculement. Par ses fonctions au Quai d'Orsay, la jeune fonctionnaire avait vite été informée de la déclaration de guerre de Babotchkine. Dans la foulée et après consultation du Parlement, la France entra à son tour dans le conflit, suivie le jour même par une écrasante majorité de pays européens. La grande inconnue demeure, jusqu'à aujourd'hui, la réaction de la Chine qui cherche à éviter l'affrontement direct avec les États-Unis. « En tant que pays ami et partenaire stratégique, la Chine soutient l'action de la Russie sans pour autant prendre part au conflit. » Telle fut la réponse laconique du ministre chinois des Affaires étrangères, Wang Wei.

Deux ans plus tard, Pékin et Washington se regardent toujours en chiens de faïence. Lorsque la marine chinoise procède à des dizaines d'exercices amphibies impliquant des destroyers, des frégates et de nombreux navires d'assaut, l'Amérique répond par une impressionnante démonstration de manœuvres aériennes mettant en scène la version ultramoderne de ses « avions de l'apocalypse », tous télécommandés depuis le sol. C'est donc à cela que ressemblera la fin du monde, pense Louise. Le diable s'habille en uniforme de l'US Air Force et il est aux commandes d'un engin supra-sophistiqué connu sous le nom de code F/A-XX.

Cet avion pouvant aussi bien accueillir un pilote dans son cockpit qu'être piloté à distance grâce à un cortège de drones volant à proximité écrase en performance l'ensemble de ses rivaux russes et chinois.

Le jour de la sortie dans les airs de ce monstre sera semblable à celui du Jugement dernier, craint-elle.

En levant les yeux vers le ciel, Louise aperçoit les traînées des avions de chasse semblant dessiner des pissenlits dont les aigrettes sont emportées par le souffle du vent. Même en pleine guerre, il est possible de capter ces fragments de sacré et de poésie. Rimbaud, Verlaine, Baudelaire, Mallarmé, Éluard, Labé ou Desbordes-Valmore ont nourri ses lectures héritées de son père. Plus que jamais, elle ressent dans sa chair le terrible vide qu'il a laissé, d'autant qu'elle ne peut plus lui rendre visite au Père-Lachaise, désormais trop exposé aux bombardements russes. Privée de son cérémonial, elle se réfugie dans le souvenir de ce passé privilégié, hors du monde. Dans un cimetière, tout est à sa juste place. Avec une gravité attentive, Louise appréciait d'observer les visiteurs, leurs gestes, leurs habitudes. Dans ce défilé d'ombres, puissants ou miséreux ont le même cœur bleui de douleur. Les familles endeuillées savent que Dieu donne et que Dieu reprend. Mais savoir n'est pas accepter et encore moins comprendre. Louise entretenait des relations fusionnelles avec son père. Et brutalement, plus rien. Est-il possible que ces trente années soient passées comme un songe ? s'interroge-t-elle. Que tout s'arrête en un instant ? Que le nœud coulant de la vie se serre aussi vite et fort qu'un poing en colère ? Que reste-t-il de son père à l'exception de cette inscription sur une tombe ? Il n'y a plus rien, en apparence. Plus rien pour celui qui ne croit pas en l'invisible. Plus rien pour celui qui ne voit que le visage froissé par la nuit et la mort. Mais pour Louise, les signes envoyés par son père s'entendent aussi bruyamment qu'un silence assourdissant.

Elle a toujours pensé que les êtres dotés d'une grande sensibilité avaient le don de percevoir l'autre monde. La mort n'est pas la fin de la vie mais son extension. Il y a encore quelques mois, Louise avait cru déceler la présence de son père à travers les couleurs d'un papillon venu se poser sur sa sépulture. Semblable à une mère s'asseyant avec mille précautions sur le rebord du lit de son enfant endormi.

Ce qui est invisible au regard n'est pas absent du monde. Louise a toujours ressenti la présence de son âme. Cet après-midi-là, le papillon tournoyait au-dessus d'elle tel un messager. *Pourquoi l'humain a-t-il renoncé à croire ?* semblait l'interroger l'insecte ailé en déployant ses tentures piquées d'une fine bordure bleue aux subtiles marques noires en forme de demi-lune. Et si l'impensable était possible ? Si les défunts chuchotaient au cœur des vivants ? S'ils nourrissaient nos âmes en friche ? Louise n'avait jamais renoncé. Par l'entremise de Dieu, elle avait retrouvé son père.

Que lui aurait-il conseillé face à ce choix digne d'Abraham ? Sans doute de partir pour préserver la sécurité de leurs enfants. Mais il aurait aussitôt ajouté qu'on ne quitte pas ainsi son pays. Il aurait aussi fait la leçon à Aurélien qui n'est même pas réserviste et donc inutile à la nation, à ses yeux. Louise se souvient des phrases assassines au sujet de son époux. « C'est en regardant vivre ton mari que je sais ce qu'est la pleutrerie », s'agaçait régulièrement son père. Des saillies, qui la mettaient hors d'elle et crucifiaient sur place son époux. Face à la guerre et à la mort, tout cela n'a que peu d'importance.

Il est temps de choisir. Louise a conscience qu'elle vit dans un paysage altéré depuis bien longtemps. Le judéo-christianisme a fait son temps, emporté par une vague nihiliste qui n'a rien laissé sur son passage. Elle a bien essayé de défendre une autre manière d'être au monde, comme l'avait fait jadis son père, mais c'était peine perdue. Les puissants vents contraires avaient tout raflé de ce pays qu'elle a aimé corps et biens. Sans qu'on y prenne garde, la sagesse populaire avait déposé les armes. La France dérivait doucement vers des terres inconnues. *Que restera-t-il dans quelques années des coutumes, des mœurs et de l'esthétique qui sublimaient l'âme de nos anciens ?* songeait-elle. Même la langue française était en perdition. Tandis qu'une dizaine de pays africains l'avaient choisie lors de la précédente décennie comme langue officielle, ils ne sont plus que quatre à la faire vivre actuellement. Un sentiment antifrançais a submergé l'Afrique. La haine contre l'Hexagone, entretenue par une ribambelle de déconstructeurs wokistes, a trouvé un terrain fertile.

6

Des récriminations de plus en plus violentes émergent un peu partout de sorte que le mouvement s'est généralisé. Dépassé, François Bernard n'a trouvé ni les bons mots ni les bonnes personnes pour apaiser la situation. C'est peu de dire que le président n'est pas taillé dans le même bois que le général de Gaulle. « On pourrait faire entrer une centaine de François Bernard dans un seul costume du Général », commentait régulièrement la presse.

La langue française glissait peu à peu vers un statut de langue résiduelle. Même ses propres enfants ne savaient plus grand-chose de ce précieux sésame. Passionnée par Simonin, Louise avait pour habitude de picorer dans sa vieille édition de 1957 du *Petit Simonin illustré*. Héritée de son père, cette version préfacée par Jean Cocteau et sublimée par Paul Grimault était aussi rare que les connaisseurs de Simonin aujourd'hui. À la lettre « A », elle avait découvert le mot « Adjas ». « Mettre les adjas », autrement dit, partir, décamper, fuir. Mais pourquoi mettre les adjas ? Pourquoi fuir au risque de perdre le truchement de sa raison d'être, son pays ? Louise ne cesse de s'interroger, cherchant en vain une raison de renoncer au choix de son époux. Elle se surprend à murmurer la Chanson de Roland, *La Marseillaise* de la chevalerie : « Tu tourneras ma tête vers France la Douce. » Qu'est devenu son pays de seigneurie ? se désole-t-elle encore et encore tandis qu'Aurélien s'occupe à dessiner le parcours à emprunter pour quitter la France et s'éloigner de cette guerre. Ce soir-là, dans son quartier pavillonnaire, le couple entame une conversation de la plus grande importance.

— Je te promets que nos conditions de voyage seront correctes. Ces gens-là ne comprennent que le langage de l'argent. J'ai déjà tout organisé, tout prévu. On va payer le double de la somme réclamée pour être en absolue sécurité. Ne t'inquiète pas, Louise, on va y arriver ! Tu sais, cette filière de passeurs est solide, fais-moi confiance. On m'en a parlé. Dans quelques jours, on sera en Djalmanie. En sécurité avec les enfants, Louise ! Finies la guerre, la peur...

— Mon Dieu, je n'arrive pas à y croire... Tout quitter comme ça... On quitte un monde pour un autre. On quitte une vie pour un vide. La France pour la Djalmanie. C'est... c'est un écartèlement.

— On n'est pas les seuls. Et puis on reviendra. Je te le jure. On reviendra. Dès que la guerre sera finie... On reviendra.

— Tu n'en sais rien, Aurélien ! Ne jure pas. Personne ne sait ce qui va se passer... Personne.

— Mais si, bien sûr qu'on va revenir !

Le si juvénile sourire de Louise a quitté son visage. Les griffes du désespoir enserrent son cœur. Elle ne croit pas en leur retour. En bruit de fond, la télévision retransmet le discours du chef d'état-major des armées Henri de Saint-Cyr. Sa voix, encore plus grave que d'habitude, rend compte des ravages de la guerre et de l'âpreté des combats. Sa main, qu'il porte au front, trahit une sourde inquiétude. Stratège cinq fois étoilé, il connaît aussi bien les zones de conflit que les subtilités de la sphère médiatico-politique. Pour avoir dit les choses avant tout le monde, les attaques personnelles ne l'ont pas épargné depuis le début de l'intervention russe. Mais cet homme féru d'histoire et passionné par les figures légendaires trace son sillon en ignorant les critiques des politiques et les piques des journalistes de salon. Lucidité, volonté et fine capacité d'analyse, toutes ces qualités ont fait de lui un officier respecté par le peuple et moqué par les élites. Une situation qui n'est pas pour lui déplaire. Au contraire, le général de Saint-Cyr, qui a pour devise « Nul n'obéit s'il se sent méprisé », sait qu'une guerre ne se gagne pas uniquement sur le terrain militaire. Il compte aussi sur le soutien plein et entier des Français pour doper le moral des soldats et des réservistes tous rappelés au front. Louise prête attention à son discours. Aurélien le remarque et s'énerve.

— Ça ne sert plus à rien d'écouter ces gens-là ! Nous n'avons plus le choix, Louise. Pense aux enfants ! C'est déjà du passé tout ça. Notre avenir est de l'autre côté de la Méditerranée, direction la Djalmanie, dit-il d'un ton assuré.

— Mais tu ne souffres pas de laisser ton pays ?

— Ce n'est pas la question. La priorité, c'est notre sécurité !

— Je ne sais pas s'il faut envier ou plaindre les gens comme toi qui ne ressentent rien avant un tel virage de vie.

— Comment peux-tu dire des choses pareilles ?

— Tu sais que j'ai raison, Aurélien. À tes yeux, tous les pays sont interchangeables. Mais ce n'est pas vrai ! As-tu oublié l'histoire de la France ?

— Il faut voir les choses sous un autre angle, Louise. On va faire un voyage, un grand voyage ! C'est ce qu'on va dire aux enfants.

— Un voyage ? Et tu crois qu'ils ne comprennent pas ce qui se passe ? Les arracher à leur maison, à leurs copains, à leurs repères !

— Je leur dirai que ce voyage, c'est une école buissonnière à grande échelle !

— Tu plaisantes, j'espère. Il n'y a pas plus terrible que l'exil !

— Je suis épuisé, lâche Aurélien sur un ton de résignation éplorée, le visage blême.

— C'est important ce que je te dis, enfin ! Tu peux quand même faire l'effort de comprendre que je ne peux pas quitter comme ça la France. J'aime tellement mon pays, c'est un terrible déracinement, dit-elle avec une tendresse désemparée.

— Il est de notre devoir de mettre nos enfants à l'abri !

Mattéo et Mathieu représentent l'argument massue. Louise capitule. Elle se rend, comme un soldat allant vers la mitraille, le menton levé et le regard souverain.

— Très bien, très bien… très bien, répète-t-elle mécaniquement après avoir jeté un dernier coup d'œil au JT.

Sur l'écran, la figure grave de Saint-Cyr lui rappelle celle de son père à l'âge de la quarantaine. Figure parcheminée et regard perçant, sa photo trônera certainement sur le buffet des salles à manger des générations futures, pense la jeune femme, admirative. Il sera le dernier Français à demeurer dans la tranchée. Le dernier à devoir se haïr et s'absoudre. Se haïr pour ne pas avoir pu faire gagner la France, et s'absoudre pour lui avoir tout donné. Le général n'a jamais renié son sang ni enlaidi son patriotisme à l'inverse d'une certaine bourgeoisie qui se croit émancipée du mémorial imaginaire français.

— Allez, allez, Louise, on doit vite s'organiser maintenant. Plus de temps à perdre, chaque détail compte, ajoute-t-il avec brusquerie, ignorant à dessein l'état de choc de son épouse.

Il leur faudra rejoindre l'Italie en passant à travers les mailles d'une frontière particulièrement surveillée pour atteindre le port le plus proche de la Djalmanie, celui de Catane, en Sicile, avant de s'élancer en mer, direction le port de Badia. En quelques mois, cette ville portuaire djalmanienne est devenue l'une des principales portes d'entrée des migrants européens. Sur ses plages, des unités de la garde nationale locale se relayent nuit et jour pour tenter de contenir l'arrivée des clandestins. Hommes, femmes, enfants et nourrissons sont régulièrement débarqués devant des villageois désormais habitués à ce ballet incessant. Ces dernières semaines, des centaines de migrants, pour la plupart français, ont été expulsés de Badia vers une région tampon désertique non loin de Ras Bedr, un poste-frontière avec l'Égypte. Ces opérations furent décidées après la mort de deux passeurs djalmaniens roués de coups par des réfugiés qui les soupçonnaient d'avoir volontairement fait couler leur embarcation de fortune.

7

Louise ne parvient pas à ignorer ces tragédies à répétition : elle n'arrive pas à croire qu'Adrien prenne le risque qu'ils périssent eux aussi en mer. Le rêve mortel de millions d'Africains est devenu le sien. Quel renversement de situation ! Même dans ses cauchemars les plus sombres, elle n'aurait jamais imaginé avoir à vivre un tel drame. De son bureau du Quai d'Orsay, elle n'avait eu à traiter le sujet de la migration qu'à travers de fastidieuses notes du ministère. Louise ne sait finalement rien de la vie de ces femmes et de ces hommes qui ont tout quitté pour atteindre l'Europe. Elle ressent dans son ventre l'angoisse de ces millions d'exilés, qui n'étaient pour elle que chiffres, statistiques et problèmes. Elle les appréhendait tel un grouillement de fourmis. Une colonie venue d'ailleurs pour occuper son pays autrefois en paix. Maigres silhouettes s'agitant sur des boîtes d'allumettes à la dérive. Tout un monde venant supplier et frapper aux portes de l'abondance. Et voilà qu'elle se retrouve aujourd'hui devant leur porte à demander de l'aide. Louise entretenait un lourd contentieux avec les migrants africains. Pas tant parce qu'elle ne les aimait pas individuellement mais du fait de différences à ses yeux indépassables. Autre culture, autre religion, autre peuple, donc inassimilable. Cette conviction venait heurter sa conscience chrétienne qui fait de l'accueil de l'étranger une condition de salut. Dans l'Évangile, Matthieu fait dire à Jésus que c'est l'un des critères du Jugement dernier. « *Car j'ai eu faim, et vous ne m'avez pas donné à manger ; j'ai eu soif, et vous ne m'avez pas donné à boire ; j'étais étranger, et vous ne m'avez pas accueilli ; j'étais nu, et vous ne m'avez pas vêtu ; j'étais malade et en prison, et vous ne m'avez pas visité.* » Elle ne parvient pas à se déprendre de l'affreuse sensation que sa vie va basculer.

Depuis le déclenchement de la guerre en Europe, un large mouvement de « remigration volontaire » s'est opéré, de sorte que la plupart des migrants sont rentrés chez eux, au Maghreb, au Sahel et en Afrique centrale pour fuir un conflit qui ne les concernait pas.

Louise se remémore les débats des campagnes présidentielles autour de l'immigration incontrôlée et du risque de submersion de la France. Qui aurait pu croire qu'elle partagerait un jour leurs désillusions ? D'autant que les principaux pays d'accueil, Djalmanie, Maroc, Algérie et Tunisie, affichent une fermeté de fer face au risque d'invasion. La Djalmanie en particulier est régulièrement accusée de graves abus par l'ONG Human Rights Watch.

C'est dans ce contexte que le couple s'apprête à quitter l'Hexagone pour tout recommencer ailleurs. Être née quelque part ne relève pas du hasard, estime Louise, le regard empreint d'une abyssale tristesse. La France n'est pas une nation parmi d'autres. Et pourtant, elle abandonne avec mari et enfants ses liens de terre.

En cet instant, alors que leur décision est arrêtée, elle pense à tous ces lieux qui ont fait l'Histoire, à tous ces symboles habités par les mânes de ceux qui ont sacrifié leur vie pour une cause plus grande et plus noble qu'eux, la France. Elle ressent dans sa poitrine la douleur naissante de l'exil. Une douleur bien plus puissante et oppressante que l'effet des bombes russes. Son âme semble vidée. Qu'il est difficile de fermer le portail de sa maison sans savoir si un jour on y reviendra. La battant claque comme la parenthèse d'une vie qui se termine. Chahutée, ballottée, les jambes flageolantes, elle tente de s'agripper au bras de son mari. Il lui consent un léger sourire qui n'a rien de rassurant. Dans le reflet des yeux de la jeune femme brillent les images d'un village d'enfance protégé par la grâce d'un clocher. Messes, angélus, oraisons et cérémonies lui manquent déjà. Elle marche sur un fil entre deux infinis en pensant à ceux qui consacrent leur vie à la recherche de Dieu. À cet instant, pour échapper à l'exil contraint, elle voudrait fuir et s'abriter dans un couvent. Dans le silence du lieu, on lui indiquerait comment vivre dans la pureté et l'exigence. Sa fuite serait un exil choisi, une retraite volontaire, une robinsonnade voulue.

Aurélien sonne l'heure du départ. Une hantise la tenaille. Pourra-t-elle de nouveau entendre résonner un jour les cloches de son village ?

Le business des traversées de la Méditerranée explose. Les passeurs se frottent les mains. Une seule embarcation génère jusqu'à 150 000 euros de bénéfices pour les marchands sans scrupules. Le coût moyen d'un passage de migrants varie selon le mode de transport choisi. À bord d'un simple canot pneumatique, le voyage coûte entre 700 et 1 500 euros par tête. En revanche, les prix s'envolent pour les semi-rigides, ces bateaux de dix mètres de long utilisés habituellement par les gardes-côtes pour contrôler les frontières, et capables de filer à plus de quarante nœuds par mer agitée. C'est sur ce type de zodiac que les Dubreuil vont effectuer leur périple. Aurélien a payé le prix fort pour de meilleures conditions avec comme unique compagne de voyage une autre famille. Il est vingt et une heures quarante-cinq sur la Piazza del Duomo à Catane. La fontaine à l'éléphant se dresse majestueusement sous un ciel peu étoilé. Symbole de protection de la ville face à l'Etna, le monument taillé dans le basalte provient des restes d'impressionnantes coulées de lave. Perpétuellement mis en danger par l'activité du volcan, les habitants prient sainte Agathe, patronne de Catane ayant résisté au fil des siècles à d'innombrables éruptions volcaniques et à de multiples tremblements de terre.

Sous le buste de la martyre, Louise implore le ciel. Pour le moment, le voyage jusqu'en Italie n'a pas posé de problème. Mais la jeune mère de famille pressent qu'il en faudra davantage pour que tout se déroule sans encombre jusqu'au port de Badia.

Elle décide de pousser le portail en bois massif laissé entrouvert de la cathédrale en contrebas de la statue. Aurélien s'impatiente.

— Tu crois vraiment que c'est le moment ? lance-t-il, la mâchoire serrée.

Imperturbable, comme guidée par une voix intérieure, Louise pénètre avec ses deux jeunes garçons dans l'édifice religieux.

— Je te préviens qu'on a rendez-vous dans exactement dix minutes sur le pont. Pas une minute de plus, pas une ! poursuit à l'extérieur le mari de plus en plus agacé.

Sous d'immenses colonnes romaines, près des sarcophages de la reine Constance et d'autres rois aragonais, Louise s'agenouille pour solliciter la protection de sainte Agathe. Dans la lumière faiblarde des bougies, elle contemple des siècles d'Histoire recouverts de cols d'hermine et de robes de dentelle. Pourra-t-elle prier dans une église de l'autre côté de la Méditerranée en terre d'islam ? s'interroge-t-elle. Reverra-t-elle un jour les quatre têtes d'anges polychromes qui ceinturent la voûte de la croisée du transept à Notre-Dame ? Aura-t-elle de nouveau l'occasion de s'émerveiller devant la blondeur des pierres de la cathédrale des cathédrales ? Il lui semble à présent que la voix de Dieu résonne dans l'édifice de Catane. Au loin, son père sourit, le visage tourné vers le Tout-Puissant. Il lui porte un regard étincelant comme le soleil sur des cristaux de neige. Autant de signes invisibles qui lui insufflent la force de poursuivre le chemin.

— Mais tu es devenue folle ou quoi ? On n'a plus le temps pour tes prières ! Allez, relève-toi ! Et les garçons aussi, s'écrie Aurélien en fonçant droit sur sa femme.

Son mari n'a jamais vraiment été porté sur la religion. Dans les dîners en ville, il cite souvent une étude scientifique selon laquelle intelligence et croyance seraient inversement corrélées. Un débat qui faisait hurler les dévots.

Il tient sa théorie d'une thèse de l'université de Rochester, dans l'État de New York. Selon ces travaux, les individus au QI élevé sont les plus éloignés de la religion. Dieu est une fiction qui rend con, répète Aurélien à qui veut l'entendre. Aucun chant religieux n'est jamais venu lui caresser le cœur. Aucune nourriture spirituelle n'a un jour comblé son âme. Il s'obstine à opposer la foi et la raison, faisant fi des écrits de grands penseurs chrétiens, musulmans et juifs du Moyen Âge comme Thomas d'Aquin, Averroès ou encore Maimonide.

Ces théologiens et philosophes soutiennent qu'il est possible, et même impératif, de concilier foi et raison. Impensable selon le Dr Dubreuil pour qui il suffirait de rendre les hommes immortels pour faire disparaître le concept même de religion. Cette idée agace prodigieusement Louise qui a toujours rejeté la thèse selon laquelle la croyance en Dieu rend acceptable la mort pour les êtres humains. Elle ne croit pas en un arrière-monde car elle a besoin d'y croire, mais parce qu'elle l'expérimente au travers de la présence de l'âme de son père. À l'inverse, Aurélien, qui n'a traversé aucun moment douloureux dans sa vie, ne l'admet absolument pas. Peut-être parce que nul être cher ne s'y trouve. À ses yeux, Dieu n'est qu'une fiction car aucune preuve de Son existence ne l'atteste. Mais ce soir, par pure superstition face à l'épreuve de la traversée à venir, il ose se signer furtivement avant d'entraîner Louise et ses enfants hors de la cathédrale. Il faut faire vite. Les jambes tremblantes, terrifiés par ce voyage dont ils ne comprennent pas la nécessité, Mathieu et Mattéo puisent dans leurs dernières forces pour avancer au rythme de leurs parents. Le rose enfantin de leurs lèvres et de leurs joues a disparu. Avant le départ, Louise a tenté à plusieurs reprises de leur expliquer la situation, mais chaque fois, les mots sont restés coincés au fond de sa gorge.

8

La famille est attendue à vingt et une heures sur l'un des pontons du port, devant le poste de distribution du carburant. C'est là qu'ils doivent retrouver un certain Thémis Papadakis, le « capitaine » du zodiac. Silhouette dense et cheveux clairsemés, cet ancien conducteur de poids lourds d'origine grecque s'est spécialisé dans les traversées dites de luxe, entendez par là pour ceux qui ont les moyens de se payer un bateau digne de ce nom. Papadakis n'est qu'un pion dans toute la chaîne, manipulé par des passeurs qui eux-mêmes sont commandés par des mafias dont les membres ne prennent jamais le risque d'embarquer sur les navires qu'ils affrètent.

Vêtu d'un tee-shirt rouge floqué du logo de Coca-Cola, il grille nerveusement une cigarette. À ses côtés, attend aussi une famille de Français embarquant avec les Dubreuil. Il reste cinq minutes avant de lever l'ancre. L'homme est fébrile.

Albert, Rachel et leur fille adolescente Julie sont tétanisés par la peur. Blottis les uns contre les autres, dans un silence lourd et pesant, la chamade de leur cœur semble faire bouger le bateau.

Plus que la traversée en elle-même, les Zaoui appréhendent eux aussi l'exil en terre musulmane. Leurs arrière-grands-parents ont pourtant vécu en Djalmanie, à Bab el-Jez mais c'était le temps d'un autre monde. Foyer historique d'une forte présence juive, l'ancien quartier de pêcheurs qui s'étire sur une petite langue de terre est aujourd'hui méconnaissable, loin du havre de paix qu'il incarnait. Sur la grande avenue Charles-de-Gaulle, les rideaux de fer demeurent désespérément baissés. Il ne reste plus rien des restaurants casher qui proposaient, dans une ambiance chaleureuse et désordonnée, tajines, briks et khemias. Tout a disparu, même un certain art de vivre. Il fut un temps où les pêcheurs originaires de Sicile perpétuaient tous les 15 août le rituel de la procession de la madone de Trapani, patronne des pêcheurs. Eux aussi se sont évaporés.

L'après-midi, aux alentours de seize heures, on se retrouvait à l'église Saint-Mathieu pour participer aux vêpres et voir ensuite Notre-Dame de Trapani faire le tour du golfe de Bab el-Jez. Au passage du cortège, les musulmans s'écriaient avec ferveur : « La madone est de sortie ! *Viva la madonna di Trapani !* »

Les youyous des femmes vêtues d'élégants voiles blancs s'élevaient dans le ciel comme des âmes pressées de rencontrer Dieu. Après un petit tour en mer, la Vierge revenait en ville couverte de fleurs et de colliers d'or en guise d'offrandes. Chrétiens, juifs, musulmans, tous participaient, dans une atmosphère festive, à la procession qui marquait le milieu de l'été.

Puis, dans la soirée, devant leurs maisons respectives, les familles s'installaient ici et là sur les trottoirs pour converser. Leurs éclats de rire résonnent encore dans les ruines des habitations délaissées.

Albert Zaoui sait que rien ne subsiste de cette harmonie entre communautés. Depuis l'arrivée au pouvoir de l'autocrate Abassi, une arabisation à marche forcée a été imposée dans l'administration et l'enseignement, faisant le lit de l'extrémisme religieux. Toutefois, la stabilité du pays, épargné par la guerre en Europe, attire de nombreux réfugiés chrétiens et juifs en quête de sécurité. Les Zaoui ont pensé un temps rejoindre Israël mais la menace iranienne les en a vite dissuadés. « Le régime sioniste doit être anéanti sans plus attendre ! », avait lancé le président iranien, Seyyed Yaser Khomeini.

Le Hezbollah, qui bombarde sans relâche les positions de Tsahal, se dit prêt à la guerre des guerres contre Israël. Parmi ses objectifs, la destruction de l'État hébreu et l'instauration d'un régime islamique au Liban. Le nouveau dirigeant de l'armée chiite ne cesse d'affirmer que l'heure est propice au grand renversement dans la région. Depuis cette déclaration, les États-Unis sont sur le pied de guerre, davantage préoccupés par la menace qui pèse sur Israël à cause de l'axe sino-iranien que par le conflit en cours sur le continent européen. Sans grande surprise, l'Amérique s'est détournée de l'Europe pour regarder vers l'Asie. Près de 70 % des Américains considèrent que la Chine, la Corée du Sud ou le Japon sont déterminants pour leurs intérêts. Face à la puissance chinoise, George Prescott Bush Jr. avait fait du *Transpacific Partnership* un club puissant regroupant les pays les plus prometteurs de la zone Asie-Pacifique.

— *Finally! You're very late! Quick, on board! On board!* s'agite Papadakis en roulant les « r » à la vue des Dubreuil sur le quai.

Le capitaine d'un soir somme les deux familles de monter dans le zodiac et de ranger leurs affaires sous la bâche située au milieu du bateau. Chacun s'exécute sans prononcer un mot. Un instant d'une rare intensité qui conjugue étrangement euphorie et désespoir d'une nouvelle vie espérée. Louise se sent soudain plus vivante que jamais, après des semaines à étouffer en apnée. Elle salue timidement la famille Zaoui en s'interrogeant sur les motivations de leur départ. Pourquoi partent-ils eux aussi ? Partagent-ils les mêmes craintes, les mêmes ambitions ? Tandis que Papadakis s'installe à la barre en leur demandant de s'agripper aux saisines du navire et d'enfiler les gilets de sauvetage, les deux familles s'observent en silence et leurs regards s'éclairent d'une complicité partagée. Comment ne pas penser aux millions de migrants qui, depuis les années 1970, ont traversé la grande bleue dans des conditions bien plus précaires.

Malgré l'angoisse qui la tenaille, serrant fort leurs deux garçons contre sa poitrine, Louise veut se croire chanceuse. Bien sûr, elle songe à la terre de son enfance, de ses ancêtres qu'elle voit s'éloigner à mesure que le zodiac s'enfonce dans l'inconnu de la nuit. Mais la jeune femme sait que la messe est dite. Le sursaut n'a pas eu lieu. Pourtant le coup de grâce n'est pas venu de l'islam conquérant comme l'avaient théorisé tant de penseurs, mais d'une Russie revigorée qui dévore une Europe ayant perdu le lien avec sa culture chrétienne déclinante.

9

Louise avait maintes fois songé à démissionner du cabinet du ministre des Affaires étrangères. La politique menée par François Bernard était beaucoup trop complaisante à son goût. Chaque fois, elle s'était ravisée en pensant à la devise de son père : « Endurer, durer et anticiper le coup d'après. » Depuis sa mort, Pierre-Henri de Charrette n'a jamais été aussi présent dans sa vie. Et cette nuit, dans cette embarcation, il l'est plus que jamais. Son père avait refusé de se mettre à genoux pour faire repentance. Contrairement aux courtisans du pouvoir, lui n'a pas cherché à plaire aux puissants et aux influents. L'État n'est plus. Une cour assiste au réveil, à la toilette, au déjeuner et au coucher du roi-président. Il faut se faire remarquer pour exister. Tout l'inverse du père de Charrette qui n'a jamais eu besoin de briller pour s'accomplir. Avec lui, la flatterie n'était pas de mise. La flagornerie l'irritait au plus haut point. Au pays du « prêt-à-penser », sa liberté d'esprit tranchait avec les fonctionnaires formatés.

Le patriarche incarnait une France rayonnante, prospère et paisible. Il avait saisi la menace que constituait l'alliance des wokistes et des islamistes. Les premiers cherchaient à décoloniser notre pays et les seconds attendaient de nous coloniser.

Alors que le zodiac file à vive allure, et tandis que Louise ajuste machinalement son étole en soie rose sur ses cheveux ébouriffés par le vent en regardant son passé s'évanouir dans la nuit, Aurélien, sur le qui-vive, scrute le moindre mouvement de Papadakis. Agrippé à la barre, le capitaine grec ne donne aucune indication sur la traversée. Son visage ne laisse rien entrevoir de ses émotions. Aucun bruit à part le vrombissement du moteur. Rien. Toute l'embarcation se laisse porter par les flots, comme absente au monde. Louise observe les Zaoui. Leur passé semble déjà leur faire de l'œil. La nostalgie, amer bonheur, est un passager clandestin du zodiac. Un passager qui épouse toute la place et froisse le cœur du groupe.

En exil, comment garder intacts ses souvenirs d'enfance ? Comment conserver le reflet des portraits de nos ancêtres ? Sera-t-il encore possible de l'autre côté de la Méditerranée de célébrer les fêtes qui irriguent la culture française et la culture juive ? Qu'est-il possible d'emporter dans la musette d'un héritage collectif ? Les Zaoui sont pénétrés par les mêmes interrogations. Une sorte de tendresse désemparée habite leur regard. Albert sait qu'il ne reviendra pas de sitôt au carré juif du cimetière de Bagneux, où ses parents reposent. Le caveau de sa famille témoigne d'un chapitre de la vie des juifs en France depuis le XIXe siècle orné par les médaillons de photos vieillies renvoyant à une époque qui n'est plus mais qui murmure encore aux oreilles du père de famille. Un accident de voiture emporta ses parents alors qu'il venait de rencontrer Rachel, sa femme, son être-lumière. Sans elle, il n'aurait jamais pu affronter le deuil de ses parents. Elle a su adoucir une réalité insoutenable et calmer une douleur jamais éteinte.

Au seuil de la quarantaine, Rachel Zaoui, née Berl, port altier, peau de lait et allure élancée, est issue d'une famille de bourgeois français israélites. Elle ne fréquente plus depuis longtemps la synagogue mais reste viscéralement attachée à ses racines. Son rapport à la judaïté est aussi complexe que le déchiffrage de la Torah pour un non-initié. Plus spirituelle que religieuse, elle a proposé à son mari de croire qu'à l'instant où un être disparaît pour tous il commence à apparaître pour soi. C'est à partir de ce moment qu'Albert a entamé une longue conversation avec ses parents, un dialogue ininterrompu jusqu'à ce jour. Pour y parvenir, il suffit de se désencombrer de toutes nos évidences, on n'a qu'une faible idée de la supériorité de l'amour sur la mort, lui répète inlassablement sa femme lorsque la cicatrice de l'absence se fait vive. Avec le temps, le souffle de vie a fini par chasser les pulsions de mort et la douce tentation de se laisser sombrer. Albert s'est enfin levé de son lit de souffrance. Le guetteur de fantômes qu'il fut durant de longues années a laissé place à un mari et à un père attentionné, en dépit de l'ombre persistante qui continue de rôder en coulisses.

Le zodiac trace sa route dans une houle d'ouest résiduelle. Si les premières heures de navigation ont été calmes, la dernière ligne droite s'annonce plus mouvementée avec un vent de force 7. De l'écume humidifie leurs chaussures. Victime du mal de mer, Julie, la fille des Zaoui, en a l'estomac retourné. À bord, les passagers se cramponnent. La mer ressemble à un champ de bataille. La Méditerranée est une adversaire aussi insaisissable que Babotchkine. L'Europe s'est livrée pieds et poings liés à l'ogre russe, permettant au maître du Kremlin de développer une patience stratégique sans pareille pour refaire de la Russie une puissance redoutée. Retranché en son palais de la démesure, symbole d'une débauche de dorures, le tsar « Babo », comme l'appelle le peuple, commande la guerre depuis sa chambre à coucher. Une forteresse sur mesure dont la porte ultra-blindée est ornée d'un immense aigle à deux têtes, l'emblème historique de la grande Russie.

« *Coast guards on the left! Hide! Hide!* » L'avertissement de Papadakis vient interrompre de longues heures silencieuses. Son visage est à présent aussi sombre que le reflet d'un lac par une nuit sans lune. Des gardes-côtes patrouillent non loin du zodiac. Les polices maritimes libyenne et djalmanienne ont pour habitude de lancer du gaz lacrymogène pour semer la panique sur les embarcations des migrants et les faire chavirer. Le message est clair : les pays maghrébins ne veulent plus accueillir les réfugiés de la guerre russo-européenne. Papadakis accélère, ses rares mèches noires se débattent comme les pattes d'une araignée prisonnière de son propre piège. Le bateau s'envole de plus en plus haut au-dessus de sa ligne de flottaison. Le bruit des moteurs de deux cent cinquante chevaux lancés à pleine puissance écorche les tympans. Une forte odeur de mazout prend tout le monde à la gorge. Le bateau de la marine djalmanienne s'approche dangereusement, donnant naissance dans son sillage à une énorme vague tumultueuse.

Papadakis ralentit à peine. La mer rugit de colère. Albert, Rachel et leur fille Julie chuchotent à l'oreille de Dieu. Un mot revient en boucle, *Adonaï*, « Dieu » en hébreu. Leurs voix se superposent à la syllabe près. Au moment où leurs prières s'élèvent, des coups de feu retentissent. Les gardes-côtes viennent de tirer en l'air, leur ordonnant de s'arrêter. La panique gagne l'embarcation. La Méditerranée est une tombe idéale pour qui n'aime pas les cérémonies d'adieu et les longs discours convenus. Personne ne viendra chercher leurs corps dans les profondeurs, personne pour s'aventurer à ramasser leurs os polis par les dents de la grande bleue. Des milliers de migrants africains y ont laissé leur carcasse, sans que le monde s'en émeuve.

— Seigneur ! Seigneur ! implore Louise en imaginant la bouche poisseuse de la mer avaler ses enfants.

Mourir si près du but, c'est tellement con, pense Aurélien en sortant de sa poche une épaisse liasse de billets.

Il la fixe un moment pour jauger le montant. Des billets de cent sont épinglés dix par dix.

— *Go! Go! Give them the money! Give them!!* hurle Papadakis, le teint écarlate et les yeux exorbités.

D'un geste rapide et sec, il balance l'argent par-dessus bord. Par chance, la liasse tombe sur la proue du bateau de la marine djalmanienne qui fait presque instantanément demi-tour. La course-poursuite s'est arrêtée au prix de quelques centaines d'euros. Les Dubreuil et les Zaoui sont sauvés. Pour cette fois.

10

La côte se dessine au loin. Le ciel a une clarté de porcelaine. Le soleil offre une chaleur silencieuse et retenue. Ses rayons se cabrent avant de se poser délicatement sur la proue du bateau comme un linceul de lumière enveloppe la dépouille de l'être aimé. Les nuages avancent dans un mouvement hypnotique. « Djalmanie ! Djalmanie ! », s'écrie avec un large sourire Papadakis, extirpant de leur torpeur les deux familles assoupies. À l'évocation de ce mot, Louise est transportée. Elle a appris à connaître la Djalmanie à travers des livres d'histoire où se côtoient, selon les époques, le barde Homère, l'empereur Auguste et le maréchal Ibrahim Pacha, ancien gouverneur de la Tripolitaine et grand vizir de l'Empire ottoman. Elle s'imagine voyageant à travers le temps avec, en toile de fond, des tribus berbères semi-nomades, de grands navigateurs phéniciens et des guerriers romains assoiffés de conquêtes. Papadakis interrompt son songe historique en lançant au groupe d'une voix tranchante et un brin menaçante : « *No one moves until our arrival at the port of Badia, OK?! OK?!* » Tout le monde acquiesce en opinant du chef. Louise reprend aussitôt ses pérégrinations imaginaires à travers les territoires de la Djalmanie d'antan, les provinces de l'Afrique romaine et les zones de la régence ottomane. Les deux plus grands stratèges de cette époque, Hannibal et Scipion l'Africain, la fascinent. Au Quai d'Orsay, trônait derrière son bureau une immense fresque de la fameuse traversée des Alpes à dos d'éléphant. La reproduction du tableau peint entre 1810 et 1812 par William Turner intriguait tous ses visiteurs. Pourquoi ce choix ? lui lançaient-ils, curieux de connaître ses motivations.

Invariablement, la jeune femme répondait d'un air pénétré : « Les défaites sont pleines d'enseignement. » La guerre russo-européenne n'est pas éloignée du conflit sanglant qui opposa Rome à Carthage, songe-t-elle à présent en espérant que la Russie de Babotchkine finisse comme la cité de Hannibal, défaite et en ruine.

Le bateau s'immobilise enfin. Les pare-battages ont amorti le léger choc contre le pont. Il aura fallu dix heures de traversée pour arriver au port de Badia. Le premier contact du groupe avec la Djalmanie est olfactif. Des senteurs de thym, de genévrier et de girofle emplissent leurs poumons. Louise prend une grande inspiration pour se laisser envahir par l'atmosphère. Pressé, Papadakis s'élance à quai pour procéder à l'amarrage. Après avoir énergiquement enroulé le cordage autour de deux anneaux rouillés, il leur fait signe de débarquer. Avec chacun un enfant dans les bras et une valise, les Dubreuil ont du mal à s'extirper du zodiac. Moins encombrés, les Zaoui bondissent sur le pont comme si les gardes-côtes djalmaniens étaient encore à leurs trousses.

— *My job is done. You've got an appointment at Bab Bedr in the city center at eight o'clock. Good luck!*

Ce sera la dernière phrase de leur capitaine avant de reprendre la mer. Aurélien jette un coup d'œil à sa montre. Il est sept heures du matin. Dans le port, fondé sur le site de deux anciennes colonies romaines, Taparura et Thaenae, les deux familles se suivent en file indienne. Muni d'une carte de la ville, Aurélien indique le chemin au reste du groupe.

— On doit aller jusqu'au rond-point Kisrine où se trouve la porte Bab Bedr, c'est tout droit sur un kilomètre, puis à gauche », affirme-t-il en tentant de déplier la carte d'une seule main.

Bab Bedr, ce nom interpelle Louise. Elle se souvient d'une conversation avec l'un des membres du cabinet du ministre des Affaires étrangères. Cela remonte à loin. Bab Bedr est l'endroit où s'étaient regroupés des migrants africains après de vives tensions avec la population de la ville. Ils étaient restés des semaines, amassés sur la place centrale pour éviter les représailles d'habitants chauffés à blanc après une violente altercation opposant l'un d'eux à un agriculteur djalmanien. Qu'en est-il aujourd'hui ? se demande-t-elle. Les réfugiés européens ne sont pas non plus les bienvenus. Aux premières loges de la scène politique française, elle avait accès à toutes les informations sur le traitement des migrants occidentaux par les autorités du Maghreb. Algérie, Tunisie, Djalmanie, Maroc, Libye, tous ces pays sans exception faisaient payer aux Européens leur politique d'immigration des dernières décennies. Assimilation, intégration, inclusion, ces mots utilisés à l'endroit des immigrés africains et maghrébins étaient aujourd'hui retournés contre les réfugiés européens. En Djalmanie, ancienne colonie française, la haine de l'Hexagone atteignait un niveau jamais égalé. Un mouvement national-populiste nommé « Djalmanie d'abord » entretenait depuis des mois ce ressentiment en dénonçant le néocolonialisme tricolore et en appelant à la résistance patriotique, « muqawama wataniyya ». Les réfugiés français étaient accusés de venir en terre maghrébine pour la coloniser et y commettre des attentats contre les musulmans. À la télévision, les débats étaient virulents. Depuis son bureau, Louise avait suivi l'une des émissions à succès sur la chaîne djalmanienne Canal 7, *On ne vous cache rien*.

— Notre pays n'a pas à accueillir des centaines de milliers de réfugiés occidentaux. C'est une invasion ! Tous ces Blancs biberonnés au péché viennent pour nous coloniser, coucher avec nos femmes et piller nos richesses. Souvenez-vous de ce qu'ils ont fait pendant des décennies en Afrique. C'est ça que vous voulez pour notre nation ? Moi, je ne laisserai pas faire, je ne laisserai pas vendre notre âme au diable occidental, avait lancé, sous les applaudissements nourris du public, Raouf Mjaïed, chef du parti « Djalmanie d'abord ».

— Mais que préconisez-vous alors ? La plupart de ces gens fuient la guerre, il y a aussi des enfants, des nourrissons même, avait relancé sur un ton faussement naïf la journaliste star de l'antenne.

— Qu'ils disparaissent en pleine mer. Ce n'est pas notre problème ! Ils avancent dans nos pays comme des colonies de fourmis et moi, les fourmis, vous savez ce que j'en fais ? Eh bien, je les écrase, je les piétine, je les élimine, avait ironisé Mjaïed avec un calme déconcertant.

L'émission avait glacé Louise. Mjaïed y avait ouvertement prôné la non-assistance et donc la mort des migrants sans que cela provoque aucun scandale au sein de l'opinion publique. Radical parmi les radicaux, le chef du mouvement national-populiste militait pour l'arabité retrouvée de la Djalmanie et, au-delà, du Maghreb. Habile orateur, il avait développé un récit fondé sur un parallèle entre la colonisation romaine et la colonisation française de l'Afrique du Nord. Pour Mjaïed, l'enjeu fondamental s'articulait autour de l'islamité de cette vaste région qu'il considérait comme le nouvel épicentre de la conquête islamique. Ses discours, truffés de références à l'an 700, période de l'Histoire durant laquelle toute l'Afrique du Nord était devenue musulmane, étaient les plus regardés sur le nouveau réseau social Wins, enregistrant des millions de likes.

— Je veux construire le plus grand empire dans l'histoire du Maghreb arabe, allant des frontières de l'Égypte jusqu'à l'océan Atlantique, martelait Mjaïed à l'ouverture de chacun de ses meetings.

Moqué à ses débuts par les Occidentaux pour ses diatribes excessives, le leader était désormais pris au sérieux et considéré comme un réel danger. Principal opposant au président djalmanien Abassi, surveillé de près par le général Amirouche en Algérie et mal vu par le roi du Maroc, il avait effectué de nombreux séjours en prison qui n'avaient fait que renforcer sa popularité auprès des populations maghrébines. Bénéficiant d'une notoriété grandissante, il continuait néanmoins de plafonner aux alentours de quinze pour cent lors d'élections locales pas totalement transparentes, mais révélatrices de l'attachement des Djalmaniens à la promesse de sécurité associée jusqu'à ce jour à Abassi. Cette même sécurité que venaient chercher les familles Dubreuil et Zaoui.

— On y est ! On y est ! C'est Bab Bedr. C'est là ! Voilà, c'est là, j'en suis sûr ! s'écrie Aurélien.

Bab Bedr est l'une des portes de la médina de Badia. Construite en pierre de taille, cette entrée fortifiée ouvre sur la mosquée Bou Achraf, l'une des plus anciennes de la ville.

Malgré les traits tirés par l'inquiétude et le manque de sommeil, Louise s'émerveille à la vue d'un tel décor.

11

Sous le hall voûté formé par la porte, Louise se remémore l'histoire des Aghlabides, première grande dynastie musulmane de Djalmanie qui a régné sur un vaste territoire allant de l'Est algérien à la Tripolitaine. Grands bâtisseurs, les princes et les émirs aghlabides ont contribué à façonner la Tunisie et la Djalmanie actuelles en érigeant de nombreuses mosquées toutes plus imposantes les unes que les autres. Les Aghlabides représentent aujourd'hui les murs porteurs de ces pays. Ils en sont l'incarnation de la demeure invisible. Tout ce que la France a perdu…

Il y a longtemps que son drapeau ne flotte plus sur le fronton de ses mairies, remplacé par la bannière européenne. À la tête de l'Union européenne, Jünger Wissing, banquier de formation, allemand de naissance, américain de conviction, cosmopolite devant l'Éternel, ne jurait que par les États-Unis d'Europe. Tout ce que Louise rejetait. L'amour de la France et la défense de sa souveraineté surclassaient tout projet de supranationalité libérale pour elle qui s'est toujours définie comme une opposante résolue au traité de Maastricht de 1992. L'Europe qu'elle appelait de ses vœux s'étendait de l'Atlantique jusqu'à l'Oural, c'était l'Europe des nations, celle de De Gaulle. Mais qui citait encore le Général aujourd'hui ? Le président François Bernard avait vendu la France à la découpe. Loin de la promesse maintes fois répétée de réindustrialisation du pays, l'Hexagone avait quasiment perdu tous ses emplois industriels. La part de ce secteur dans la création de richesses était tombée sous la barre des deux pour cent. Les domaines d'excellence à la française avaient fondu comme neige au soleil. La plupart des grands fleurons tricolores étaient passés sous pavillon étranger. Les branches autrefois intouchables comme l'automobile, la pharmacie ou encore l'énergie n'étaient plus que l'ombre d'elles-mêmes. En feuilletant le grimoire du passé français, Louise entamait son deuil d'une nation détruite.

Et si l'exil s'avérait finalement être une chance ? Et si c'était un nouveau départ ? À chacun de l'appréhender. Pour Louise, passionnée de géopolitique et de géographie, partir c'était se laisser imprégner par les couleurs du monde. Elle avait toujours eu en elle l'appétit du mouvement, une sorte d'élan irréfrénable pour le voyage. Mais l'exil est un voyage sans retour, en tout cas, pas dans l'immédiat pour les réfugiés européens. Le temps d'apprendre à concilier la migration avec ce qui fonde sa culture avait sonné. *Et nous y sommes !* pense Louise, bouleversée, en regardant son mari.

Aurélien s'affaire pour identifier le point de rendez-vous fixé par le responsable du Croissant-Rouge djalmanien. L'association, en première ligne dans l'accueil des réfugiés, propose des solutions d'hébergement et de répartition dans les villes et les campagnes. Son fondateur, Malek Castellini, connaît bien la problématique des migrations. Descendant d'immigrés italiens, il a été biberonné aux récits de ces femmes et de ces hommes qui ont tout quitté. Vers la fin du XIXe siècle, l'un de ses ancêtres, Ange Castellini, ouvrier sarde, s'est installé à Guelliti, à trois cents kilomètres au sud de Badia, dans l'espoir de trouver du travail dans les mines de phosphate de la ville. Avec environ quatre-vingt-dix mille Italiens, la Djalmanie était, à cette époque, le pays africain disposant du plus gros contingent d'immigrés venant de la péninsule italienne. À Rouha, plus important site d'extraction et de traitement de phosphate du bassin minier de la région, Ange Castellini travaillait dur pour nourrir sa famille.

Logés dans des villages bâtis par la Compagnie des phosphates et du chemin de fer de Guelliti, les mineurs italiens passaient la journée dans un décor désertique de dunes grises. Pour avoir trop inhalé de ce minerai brun, beaucoup étaient morts prématurément, comme le patriarche Castellini. Aujourd'hui, en hommage à la mémoire de sa famille, Malek se consacre aux migrants au Maghreb. Mais depuis qu'il vient en aide aux réfugiés européens, le jeune Italien est entré dans une guerre larvée avec l'État pour assurer la survie de son association menacée de voir supprimer ses subventions.

Plus « modéré » que le leader national-populiste Raouf Mjaïed, le président Abassi a durci son discours, déclarant que les Européens de confession catholique ou juive risquaient de changer profondément la nature de l'identité de la Djalmanie.

Au Journal de vingt heures, le chef de l'État a dénoncé un possible grand remplacement qui mettrait en péril l'équilibre de son pays. Cette violente charge identitaire n'avait rien d'une sortie improvisée. Ne voulant pas laisser le champ libre à son principal opposant Mjaïed, Abassi a adapté ses faibles convictions à la situation, affirmant désormais être convaincu des manigances de l'Europe pour changer la composition démographique de la Djalmanie ainsi que celle des autres pays du Maghreb. Devant les membres de son Conseil de sécurité national, en habile opportuniste, l'homme a même détaillé un vaste plan fomenté selon lui par l'Union européenne pour rétablir les colonies en Djalmanie, en Tunisie, au Maroc et en Algérie. S'inscrivant dans la thématique du choc des civilisations de Samuel Huntington, Abassi ne cesse désormais de vanter, à chacun de ses discours, la supériorité de l'arabité et de l'islamité sur la civilisation judéo-chrétienne, décrivant un affrontement inéluctable, contrairement à l'auteur américain qui a toujours cherché à alerter sur une telle menace.

— Il nous faut préserver nos racines, défendre notre patrimoine et garantir l'unité de l'oumma arabo-musulmane. Regardez la faiblesse de leur civilisation ! La chrétienté n'est plus que l'ombre d'elle-même. C'est ça que vous voulez pour notre pays ? Évidemment non. La djalmanianité n'est pas un mythe, c'est notre trésor, votre trésor. On doit se battre pour la protéger des migrants européens qui cherchent à la détruire ! Si on ne réagit pas, on sera envahis ! Notre civilisation a inventé de grandes choses.

Durant le haut Moyen Âge, d'éminents penseurs persans, barbares et andalous ont rédigé leurs travaux en arabe. Notre langue doit de nouveau rayonner et s'imposer, tout comme nos mœurs. Méfiez-vous des arrivants occidentaux qui cherchent à pervertir nos traditions ! Ils veulent changer les garçons en filles et les filles en garçons. Ils ne reculent devant rien pour effacer toute trace du passé, des racines et de l'Histoire. C'est un peuple de rats envahisseurs ! Au nom de quoi faudrait-il accepter une société ouverte et multiculturelle ? Notre pays ne sera jamais multiethnique ! Jamais ! La société multiculturelle, c'est la guerre des civilisations ! Tout ce qui est multiculturel est avant tout multiconflictuel. On ne peut pas greffer des cultures extérieures sur notre terreau national. C'est la paix civile qui est menacée.

Cette rhétorique est devenue habituelle. Mis à part les protestations du Croissant-Rouge et de l'ONG Human Rights Watch, les propos racistes et antimigrants du président Abassi sont passés relativement inaperçus.

En l'espace de quelques mois, Malek Castellini est devenu la bête noire du gouvernement. Considéré comme le relais des migrants venus d'Europe, il est accusé par des ministres zélés d'être le fossoyeur de l'identité culturelle de la Djalmanie et du Maghreb. Malgré les descentes quotidiennes de la police et les risques de séjours en prison, Malek n'a jamais dévié de sa route et de ses convictions. Héros pour certains, renégat pour d'autres, il a hébergé des dizaines de réfugiés chez lui, sur son petit lopin de terre, avant de les répartir sur l'ensemble du territoire. Il faut remettre l'humain au centre de nos vies, répète-t-il au sujet du traitement des migrants.

Victime de menaces et d'insultes incessantes de la part d'une grande partie de la population, il n'a jamais regretté son engagement militant. Chaque migrant sauvé équivaut pour lui à un pan de ciel bleu préservé pour l'humanité.

12

Un joyeux capharnaüm anime le souk El-Amrane de Bab Bedr. Entre les scooters qui pétaradent et les ânes de bât qui braillent, les Dubreuil et les Zaoui tentent de se frayer un chemin dans les ruelles brûlantes et encombrées de cette caverne d'Ali Baba. Encens, citrons confits, miel de toutes origines, huiles essentielles et fruits secs ornent les échoppes qui s'étalent à perte de vue. Des poudres aux teintes arc-en-ciel illuminent le regard des enfants et transportent les adultes dans un autre temps. Le fuchsia des étoffes en soie se mélange au vert profond des tentures. Le souk d'El-Amrane fonctionne comme les bazars de l'époque ottomane, chaque ruelle a sa spécificité. Malgré un air de belle pagaille, des règles strictes sont à l'œuvre. Depuis des siècles, les artisans, vendeurs et autres marchands se rassemblent par corps de métier. À chacun sa place. Aurélien observe toutes les devantures à la recherche de l'étal dédié à la fabrication de la téhia, un couvre-chef djalmanien autrefois incontournable, semblable à une petite calotte de feutre rouge. C'est là que

Malek Castellini leur a donné rendez-vous par mail avant leur départ.

— Je sens qu'on approche, on ne doit pas être loin du lieu de rencontre. Allez, allez, on avance et on reste groupés, dit-il avec un air entendu de grand sage.

Son regard est attiré par une table en bois sur laquelle sont posées des dizaines de coupelles contenant une épice de couleur brique. Le vendeur veille sur sa marchandise comme un diamantaire couve ses collections de pierres précieuses.

— Safran ! Safran ! s'écrie l'homme.

Une odeur de cuir vieilli vient chatouiller les narines d'Aurélien.

— Safran néguine ! poursuit le marchand en élevant la voix pour attirer l'attention des passants.

Le néguine, « perle » en iranien, est un safran de qualité supérieure qui se négocie à prix fort.

Un peu plus loin, des femmes s'esclaffent telles des petites filles en comparant les différentes sortes de henné pour colorer leurs cheveux et tatouer leurs mains. Des parfumeurs au savoir-faire ancestral tendent des flacons de verre d'où s'échappent des effluves de jasmin, de fleur d'oranger et de bergamote. Un enfant enveloppé de lin blanc appelle sa mère. Son cri se perd dans les dédales des conversations enflammées. Les deux familles sont étourdies par ce trop-plein de sollicitations de leurs sens. Épuisés par la traversée en mer, les enfants Dubreuil n'arrivent plus à avancer. Le temps d'une courte pause, Louise fouille dans son sac et en sort de petits biscuits secs à bordure dentelée, immédiatement avalés par les deux petits ogres. Aurélien décide de prendre le plus jeune, Mattéo, sur ses épaules et son aîné, Mathieu, dans les bras.

— Tiens, prends-la, il faut faire vite, dit-il en tendant la carte à Albert.

Le document, qui leur sert de boussole, décrit l'emplacement précis de chaque étal du souk. Sur les indications du père Zaoui, tous continuent à avancer à pas serrés vers l'aile ouest du marché.

L'atelier de confection des téhias n'est plus qu'à quelques mètres mais les forces commencent à manquer. Saisie d'une forte nausée, Julie ralentit en répétant à plusieurs reprises : « J'en ai marre ! J'en ai marre ! J'en peux plus... J'en peux plus... c'est trop ! Vraiment trop ! » Depuis le début du voyage, l'adolescente rumine sa colère. Privée de son téléphone portable dernière génération dont le contenu s'affiche sur les verres de ses lunettes, celle qui se rêve en « entrepreneuse lifestyle » n'a rien pu partager avec sa communauté depuis hier. Cette absence sur les réseaux est bien plus grave que la disparition des espèces animales, l'acidification des eaux de la planète ou encore l'érosion des sols. Sans lien avec ses abonnés, Julie vit une catastrophe intérieure bien plus importante à ses yeux que l'éventuelle fin du monde.

L'avenir de la jeune fille est un sujet de conflit permanent entre ses parents. Rien que l'appellation « entrepreneuse lifestyle » a toujours exaspéré Rachel qui ne voit dans cet artifice qu'une manière moderne de se mettre en scène après la vague de faillites ayant frappé la cohorte d'influenceurs sur les réseaux sociaux.

Les bras le long du corps, Julie se tient maintenant immobile. Ses yeux errent puis se perdent dans le vague.

— Allez ! Dites à votre fille de bouger ! On n'est pas là pour s'amuser, mais c'est quoi ce délire ?! s'énerve Aurélien en jetant un œil paniqué à sa montre.

Le cœur et le corps en peine, l'adolescente n'esquisse plus aucun mouvement, ignorant le brouhaha du souk et les moues désapprobatrices des deux familles. Elle est comme absente au monde, retirée en elle-même. Cheveux peroxydés, front botoxé, lèvres gonflées, silhouette longiligne et attitude désinvolte, elle ne passe pas inaperçue dans le décor ambiant. Julie fait partie de ces personnes qui, même en étant comblées, ont toujours quelque chose à reprocher à la vie. Bien née, la fille Zaoui n'a manqué de rien jusqu'à la guerre, pourtant, elle ne cesse de vouloir régler ses comptes avec le destin et avec ses parents. L'exil, elle l'imaginait plutôt à New York en sirotant un godfather sour dans un grand appartement clair au dernier étage d'un building de haut standing, et certainement pas en Djalmanie, à traîner dans un souk.

Sa seule crainte dans la vie consiste à ne pas vieillir sans même une ride d'expression.

— À un moment, elle va bien finir par bouger, elle va bouger, nom d'un chien ! maugrée Aurélien.

Rien ne se passe. L'angoisse monte d'un cran, ses traits se crispent. Il craint que le groupe ne soit repéré et dénoncé aux autorités. De récentes images d'une violente répression contre des réfugiés européens l'ont traumatisé. Armés jusqu'aux dents et en tenue de Robocop, des officiers ont roué de coups un groupe de migrants en plein centre de

Sirata, la capitale de la Djalmanie, juste en face du siège du Haut-Commissariat des Nations unies aux droits de l'homme.

Depuis la création de la terrible BRM, la brigade de répression des migrants, ce genre de scènes est devenue monnaie courante. *Le rejet des réfugiés avance plus vite que la grippe espagnole*, songe Aurélien, la mine défaite, lorsqu'une voix brise la longue séquence d'attente et de peur. Les mots sont prononcés avec un léger accent chantant.

— Venez ! Dépêchez-vous, vite ! Vite ! Je vous attends depuis un bon moment déjà.

Debout devant une boutique emplie de téhias, Malek Castellini, peau burinée et regard clair, enjoint aux deux familles d'entrer dans l'échoppe. L'homme porte de fines lunettes cerclées d'argent. Ses yeux ont la couleur changeante du feuillage des arbres. Son expression, marquée par l'âpreté de sa mission, est adoucie par deux légères fossettes aux joues que Louise remarque aussitôt. Elle a lu que ces légers creux étaient considérés au XVIIIe siècle comme étant l'empreinte du doigt de Dieu. Ce n'est pas un hasard, pense la jeune femme déjà sous le charme. Cet homme est leur sauveur. Même l'adolescente récalcitrante a fini par avancer pour rejoindre le groupe.

Tout le monde se trouve maintenant à l'abri d'une petite pièce d'à peine quinze mètres carrés. Autour d'eux, trois artisans s'activent à la confection des petites coiffes traditionnelles revenues à la mode à la faveur d'un clip de rappeurs arborant ce grand bonnet de laine à larges mailles qui se décline dans tous les coloris et des multitudes de fantaisies possibles desquels les adolescents raffolent. Malek s'adresse aux Dubreuil et aux Zaoui avec une mine mi-intriguée mi-soucieuse.

— J'espère que vous n'avez pas été repérés ? Depuis quelques semaines, la situation est très tendue. La brigade de répression des migrants est partout. On ne va pas traîner ici. Il faut partir. La voiture est juste à côté. On va sortir les uns...

Il n'a pas encore fini sa phrase qu'Aurélien est déjà dehors enjoignant au reste du groupe de faire de même. Louise s'en agace. De plus en plus de choses l'énervent chez son mari, même si depuis dix ans le couple apporte chaque jour la preuve que les contraires s'attirent. Entre les deux époux, la mélodie des antipodes est partition courante. « Tout va bien chez les Dubreuil », c'est du moins la version officielle qu'ils affichent à l'intention de leurs amis et de leurs familles. Mais en coulisses, le clair-obscur a pris le dessus. Le mariage n'est pas cet enchantement qu'elle espérait.

13

Plus d'une fois, Louise avait voulu prendre le large, et le jour où elle s'était décidée, la guerre avait éclaté. Son mari s'en était réjoui pour mieux la retenir. Se féliciter du pire parce qu'il vous a permis de garder votre femme, c'est le genre de réaction qui résume la personnalité d'Aurélien. Le chaos du monde lui importe peu quand ses intérêts privés ou professionnels sont en jeu. Louise continue à l'aimer un peu, à l'aimer de loin. Mais les déchirures dans leur histoire laissent entrevoir de sombres cumulus et ne masquent plus une possible erreur d'aiguillage originelle.

Vêtu de larges vêtements couleur vert militaire, Malek chemine à grandes enjambées, se retournant régulièrement pour vérifier si le groupe progresse sans encombre dans les derniers lacets qui les mènent à la voiture. Tout est ample en lui. Leur sauveur marche avec une désinvolture maîtrisée et une grâce de jeune danseur aux hanches étroites. Il a l'allure de ceux qui ne se prennent pas au sérieux. La menace de se croire important l'a épargné, contrairement à Aurélien. Louise regarde son corps souple évoluer quand soudain il s'arrête devant une vieille Jeep de couleur noire.

— Allez-y, montez. Il y a de la place pour tout le monde. Et toi, tu viens avec ton papa à côté de moi, dit-il en tapotant d'un geste affectueux la tête du petit Mattéo.

La banquette arrière peut accueillir jusqu'à cinq personnes. Louise s'engouffre avec Mathieu, suivie par les Zaoui. Aurélien s'installe sur le siège passager en prenant Mattéo sur les genoux.

— C'est parti, lance Malek en jetant de la petite monnaie dans un grand vide-poche le long de l'habitacle.

Chacune de ses paroles est pesée au gramme près comme si, avant de les prononcer, il prenait soin de les poser délicatement sur une balance de bijoutier indiquant la limite de poids et de mots à ne pas dépasser.

Déjà la voiture s'élance dans un nuage de poussière jaunâtre. À mesure que le véhicule s'éloigne, les silhouettes du souk El-Amrane rapetissent. Elles ressemblent à des flammèches qui s'agitent dans un joyeux brasier sous un soleil d'enclume.

En levant les yeux, Louise aperçoit un minaret lancé fièrement vers l'éternité. Puis, un peu plus loin, elle en distingue un autre, plus haut, et un troisième encore qui se dresse majestueusement à quelques encablures des deux premiers. Pas moins de trois mosquées flanquent le marché. *Rien de surprenant en terre d'islam*, pense-t-elle. Ce qui la dérangeait, c'était leur multiplication en France. En quelques années, le nombre de lieux de culte musulmans a explosé pour répondre aux besoins de la population. Selon les derniers chiffres publiés par le ministère de l'Intérieur, l'Hexagone compte six mille cinq cents lieux surmontés du fameux croissant. Parmi eux, des mosquées et d'innombrables salles de prière. Le président Bernard a contribué à cette expansion en donnant un coup de canif à la loi de 1905, autorisant l'État à subventionner les associations culturelles. Du jamais-vu jusque-là. Louise en a été indignée. Aurélien, lui, n'a pas réagi.

Le visage collé contre la vitre de la Jeep, Mathieu regarde les paysages défiler comme autant d'instants volés dans sa jeune vie. À quoi peut penser un enfant de neuf ans contraint de tout quitter ? Probablement à l'insouciance des grandes vacances, à l'odeur de la maison des grands-parents paternels dans le village nivernais de Chevroches et aux premiers émois sur les bancs du collège Jolliot-Curie.

— Et maintenant ? Où allons-nous ? Quel est le programme ? Comment on va s'organiser ? Et pour nos papiers ? s'inquiète Albert en fixant le regard de Malek dans le rétroviseur intérieur.

Pas de réponse. Personne n'ose renchérir de peur de froisser le conducteur et par crainte que la vérité ne leur saute à la gorge.

Les enfants aussi sont frappés de mutisme, comme si tout le groupe appréhendait l'évocation d'un mot. Un seul. Exil. Si l'exil avait un visage, ce serait celui des pesanteurs et des lamentations. Si l'exil avait une voix, elle serait rauque et sépulcrale. Si l'exil avait une infirmité, ce serait une atrophie du cœur.

Lancée à pleine vitesse, la voiture soulève sur son passage une poussière rouge et des emballages vides qui virevoltent comme des âmes en peine. Les exilés sont semblables à ces papiers, ils sont partout et nulle part à la fois, portés par le vent du destin. Louise aimerait bien dompter le cheval fou de l'exil mais elle a peur de se confronter à ce qu'elle ne connaît pas.

Entre la promesse de l'immortalité et le retour sur sa terre, comme Ulysse face à la nymphe Calypso, sans hésiter, elle choisit sa patrie. Louise pense à sa famille sous les bombes, à sa petite sœur entrée en religion, à l'angoisse collective lorsque la Russie a déclaré la guerre à l'Europe, au silence de mort dans le salon de leur maison pavillonnaire qui a suivi l'allocution solennelle du président François Bernard. Elle se remémore ces matins humides lorsqu'elle accompagnait les garçons à l'école, les éclats de rire quand le petit Mattéo avait bu d'un trait son chocolat chaud et qu'il avait sursauté d'étonnement après la brûlure occasionnée par le liquide dans sa gorge.

Ses liens de terre ne seront bientôt plus que de vagues souvenirs. En France, elle était au plus près d'elle-même. Ailleurs, elle est une autre.

Après un trajet d'une quarantaine de kilomètres, la voiture s'immobilise enfin devant une maison blanche aux volets bleus et au toit de tuiles vernissées. Un épais feuillage panaché vert-jaune à fleurs rouge carmin chiffonnées comme du papier de soie et nervurées comme la main d'un vieillard se déploie jusqu'au toit. Le bougainvillier embrasse généreusement toute la façade. Un je ne sais quoi de mystique s'en dégage. Au loin, c'est le royaume des pierres. Des montagnes dénudées comme des déesses grecques se dressent sans honte dans un ciel laiteux. Plus bas, sur la plaine, des rangées d'oliviers parfaitement alignées, à l'image d'un bataillon de fantassins. Une légère brise décoiffe l'épaisse chevelure de dizaines de palmiers nains en même temps qu'elle vient déranger l'ordonnancement des jolies boucles brunes de Louise. À une centaine de mètres de la demeure, prenant tout son temps, un cimetière patiente. Il n'y a pas de doutes, Dieu a posé Sa main sur cette terre pour la couvrir de mille couleurs.

— Yallah ! lance Malek en s'extirpant énergiquement de la Jeep.

— Euh... Qui habite ici ? À qui appartient cette maison ? On... on peut savoir ? interroge Albert.

Cette fois, la réponse fuse.

— Bienvenue chez moi !

Débordés par l'afflux de réfugiés en provenance d'Europe, les membres du Croissant-Rouge djalmanien ont décidé d'accueillir à leur domicile quelques dizaines de familles, en attendant de leur trouver des solutions de relogement dans les villes et les campagnes du pays.

La maison de Castellini ne comporte aucune faute de goût. Rien de tape-à-l'œil dans cet intérieur qui cultive la simplicité avec une palette de tons neutres et naturels. Tout raconte une vie modeste sans artifices ni faux-semblants. Son seul luxe, c'est une bibliothèque de livres anciens comportant un exemplaire du Coran couvert d'un épais cuir mordoré. Quelques souvenirs de voyage trônent ici et là sur les étagères.

— La chambre du fond est pour vous. Il y a un grand lit et un matelas par terre, dit-il en s'adressant aux Zaoui. Vous prendrez ma chambre, ajoute-t-il en se tournant vers Louise et ses garçons.

La mine d'Aurélien trahit son mécontentement grandissant.

— Mais... Mais... Il n'y a pas moyen de rajouter un matelas pour moi dans la chambre pour que je sois avec mon épouse ?

Aurélien ne dissimule pas sa contrariété.

— Non, vous dormirez comme moi sur l'une des banquettes du salon, c'est tout ce que je peux faire, répond Malek avec une indifférence offensante que ne relève pas le mari.

« La façon de donner vaut mieux que ce qu'on donne », ce vers de Corneille sied à merveille au fondateur du Croissant-Rouge djalmanien, pense Louise. Émerveillée par le geste de son hôte, elle en oublierait presque le mal du pays, d'autant que le décor aux alentours lui rappelle celui des petites villes italiennes ou espagnoles qui lui sont si familières. Contrairement à Aurélien, elle est aimantée par la lumière éclatante et parfois cruelle de ces régions du Sud. En poussant les persiennes de la chambre de Malek, où elle vient de s'installer avec ses fils, Louise est aveuglée par un soleil si blanc qu'il en devient noir une fois le regard détourné. La forte luminosité n'a pas empêché les garçons de s'assoupir aussitôt leurs charmantes têtes sur l'oreiller.

En s'allongeant à leurs côtés, la jeune maman remarque un chapelet en perles d'ivoire posé sur la table de chevet. Elle se souvient d'avoir vu le même, couleur vert foncé, entre les doigts d'un conseiller au cabinet du ministre des Affaires étrangères. Son collègue, d'origine algérienne, lui avait expliqué que la *sabha*, chapelet musulman, sert à la récitation de prières et à glorifier Allah. Lorsque les réunions s'éternisaient, ce qui arrivait souvent, il le sortait plus ou moins discrètement de sa poche et en égrenait une à une les quatre-vingt-dix-neuf perles en chuchotant à voix basse, l'air pénétré. Il lui avait aussi expliqué que cette tradition remontait à l'époque de la fille du prophète Mahomet qui aurait été la première à faire usage d'un chapelet en terre pour se remémorer en permanence la chaleur enveloppante de Dieu.

Dans un demi-songe, Louise s'interroge sur la présence de cet objet de dévotion dans la chambre de Malek. La ressemblance est frappante avec celui qu'elle porte autour du cou, un cadeau de son père qu'elle n'a jamais quitté depuis sa disparition. En or jaune, le sien est agrémenté d'une croix. En le serrant fort contre son cœur, elle replonge dans son enfance insouciante. Tout son passé s'engouffre tel un torrent sauvage par les persiennes de la maison de Badia. La pièce est baignée par le dehors.

14

De sa scolarité au lycée catholique Passy-Saint-Nicolas-Buzenval dans l'Ouest parisien, la jeune femme a conservé une foi intacte. Ses professeurs la définissaient comme une élève dotée d'une grande rigueur en même temps que d'une rare aptitude à s'évader dans ses rêveries. Elle se remémore les conseils de l'un d'eux l'encourageant à emprunter des routes non balisées pour tendre vers le grand et le beau. Elle aimerait tant aujourd'hui identifier l'un de ces chemins invisibles qui ne se termine pas en impasse dans la vie. « Même un chat noir, dans un sac noir, enfermé dans une pièce noire, doit garder espoir », lui répétait M. Petit, enseignant et responsable du projet d'animation pastorale de l'établissement. Elle n'a jamais oublié cette phrase devenue sa devise de vie.

Une heure passe. Les enfants dorment profondément. Des voix, émanant du salon, résonnent de plus en plus fort. En entrouvrant la porte de la chambre, Louise aperçoit son mari, Albert et Malek assis autour de la table en bois au milieu du séjour. Comme souvent, Aurélien monopolise la parole. En la voyant, il lui fait signe de les rejoindre.

— Viens, viens t'asseoir, ma chérie. Nous faisons un point sur l'organisation.

Malek se lève à l'approche de Louise. Décidément, cet homme appartient à un monde qui n'existe plus, pense-t-elle, où la courtoisie n'était pas synonyme de domination. Aujourd'hui, celui qui vous tient la porte ou qui vous cède sa place est assimilé à un affreux oppresseur doublé d'un potentiel harceleur. Louise regrette cet ordre moral qui vise à l'apartheid des sexes et à la glaciation des cœurs. Sous sa pression, nombreux sont les mâles qui ont renoncé à la séduction, préférant ne plus se risquer au jeu de l'amour et du hasard devenu compliqué et parfois dangereux. Le propriétaire des lieux n'appartient manifestement pas à cette catégorie. « Castello », comme le surnomment ses camarades du Croissant-Rouge, est fait d'un autre bois. Il aurait très bien pu vivre sous la monarchie d'Ancien Régime au pays des chevaliers et des galants. Il a l'éclat singulier d'un héros romantique. Louise l'imagine en d'Artagnan floqué d'une grande exigence d'altitude. Un homme plein d'idéaux au sang chaud et aux voiles gonflées par les vents du panache. En amour comme dans ses convictions, il a le sens du devoir. Allergique aux injustices en tout genre, il s'est très tôt investi dans la défense des droits des personnes migrantes. Jeune, il bataillait déjà contre le gouvernement djalmanien accusé de maltraitance à l'égard des candidats à l'exil subsahariens abandonnés à leur triste sort en plein désert, à la frontière avec la Libye. Bien des années plus tard, le voici engagé avec sa propre association auprès des réfugiés occidentaux. Mais sa plus grande meurtrissure reste à jamais le décès brutal de Sofia, son épouse. Depuis sa disparition, Malek est cloué sur le billot de sa souffrance. Pour elle, il s'est converti à l'islam et s'est dépouillé de tout. Le deuil l'a lavé d'un monde superficiel qui condamne les hommes à leur perte.

Seules les choses simples le réjouissent encore. Il n'attend plus rien de la route que tous empruntent et s'est inventé un désert, quand d'autres rêvent de bâtir des palais. Préférant tout donner aux nécessiteux, Malek n'a rien conservé des affaires personnelles de Sofia, à l'exception d'un objet qui renferme à ses yeux l'éternité entière, son chapelet en perles d'ivoire. Celui-là même qui est posé sur sa table de chevet.

La fortune de sa vie se résume à honorer la mémoire de son amour inhumé dans le cimetière municipal face à sa maison. C'est là qu'il reposera, lui aussi. Autrefois amoureux d'aventures, de voyages et de mouvement, il n'aspire plus qu'à demeurer. Sous le règne de sa femme, il a traversé mille royaumes et celui dans lequel il s'est établi s'appelle Badia. Ce point d'ancrage actera son ultime voyage. Il sait qu'il ne quittera jamais cet endroit. Ses liens de terre y sont enfouis. Il les retrouvera à sa mort quand la vie, brave fille, lui aura lâché la main. En attendant, il se guérit en aidant les autres.

Albert triture le bracelet rouge à son poignet. Issu des préceptes de la kabbale, le fil couleur écarlate est censé assurer la protection physique et spirituelle de celui qui le porte.

— Je n'ai pas tout compris, c'est compliqué comme discussion. Et c'est si nouveau pour nous… C'est la première fois que je me lance dans l'exil… Qu'est-ce qu'on doit faire ? Qu'est-ce que je dois dire à ma femme et à ma fille, moi ? Dites-moi ? interroge, perplexe, le père de famille.

Malek se montre rassurant.

— D'abord, il faut vous détendre. Vous avez fait un voyage éprouvant, vous allez vous reposer. C'est tout à fait normal d'être anxieux. Vous allez passer quelques jours ici puis on va s'occuper de toutes les démarches administratives avec le Croissant-Rouge.

Malgré ces paroles apaisantes, personne n'est dupe.

Il y a quelques jours, une rumeur provenant des profondeurs du pays affirmait que les réfugiés européens devaient obligatoirement se convertir à l'islam. Ce geste absolu d'assimilation valait d'office l'obtention des papiers pour s'installer dans le pays. Disposant d'un nombre important de députés au Parlement, le mouvement « Djalmanie d'abord » aurait conditionné l'accueil de migrants à l'adoption des croyances et des rites musulmans.

Pressé par une population en grande partie hostile à l'immigration, le président Abassi avait fini par accepter le coup de force du principal parti d'opposition. Des centaines de réfugiés français, italiens, allemands et espagnols avaient ainsi été contraints de se convertir en prononçant une seule et unique phrase devant des témoins musulmans, « *Achhadou an lâ illâh illa-llâh wa achhadou anna Muhammad rassoûlou Allah* », « J'atteste qu'il n'y a pas de divinité en dehors de Dieu et j'atteste que Mahomet est le Messager de Dieu ».

Des villageois racontent que la police des mœurs aurait suivi pendant des mois toutes les familles converties pour s'assurer de la sincérité de leur démarche et d'une pratique rigoriste des préceptes musulmans dont les cinq prières quotidiennes en direction de La Mecque, ainsi que de la *zakât* qui consiste à verser l'aumône, ou encore le jeûne lors du mois béni de ramadan. Questionné sur le sujet, Malek se racle la gorge avant de répondre. Une conversation animée s'engage.

— C'est vrai ce qu'on raconte ? demande, incrédule, Albert.

— Écoutez, il y a beaucoup de rumeurs... Restons calmes mais ce qui est certain, c'est que le régime applique une politique très répressive à l'égard des réfugiés en provenance d'Europe... Ça, malheureusement, ce n'est pas une surprise. Je préfère vous prévenir...

— Mais est-ce qu'il y a des conversions forcées ? C'est quand même dingue, on est dans quel siècle ici ? renchérit Albert.

— J'en ai entendu parler par mes équipes du Croissant mais personne ne peut le confirmer. Ce sont les mêmes histoires qui sont rapportées dans des villages reculés en Algérie et au Maroc. Des conversions forcées auraient eu lieu dans certaines communes. Mais à ce stade, ce ne sont que des rumeurs. Je préfère rester prudent. Il faut vraiment qu'on se concentre sur vos papiers...

— Comment ça, des rumeurs ? C'est fou, ça ! Vous ne savez rien en fait ! C'est vrai ou c'est faux ? Qu'est-ce que vous croyez ? Que je vais me convertir à l'islam pour avoir des papiers, moi, Albert Zaoui ? s'emporte-t-il, montrant pour la première fois depuis leur arrivée en Djalmanie un signe d'énervement.

Malek se fige. Il n'a pas de réponse à lui donner. Il hésite à évoquer ce qui s'est passé récemment au Maroc dans la ville de Tinghir, située entre les montagnes du Haut Atlas et celles de Saghro. Une ONG locale a rapporté des conversions de réfugiées chrétiennes mariées de force à des propriétaires terriens musulmans. « De très jeunes femmes, parfois mineures, sont offertes comme épouses. Les familles sont ensuite intimidées afin qu'elles ne portent pas plainte. Et si elles s'entêtent à saisir la justice, des magistrats à la botte du pouvoir leur font comprendre que leur obstination peut valoir expulsion du territoire », lisait-on dans le rapport de la fondation qui vient en aide aux migrants et réfugiés au Maroc.

Un silence effrayant s'installe dans le salon. Les secondes s'emballent et échappent à la raison. Albert comprend que sa fille pourrait être concernée. Son cœur vient de lui être arraché. Il suffit d'un rien pour ressentir combien tout est fragile, pour toucher le fond fracassé de la vie. Regrette-t-il déjà son exil ? s'interroge en silence le reste du groupe.

Entre la menace des bombardements et celle d'un mariage forcé, y a-t-il un choix humainement acceptable pour un parent ? Qu'auraient-ils choisi entre la peste et le choléra ? Louise a l'impression d'entendre les voix des tréfonds de l'Histoire, quand, en terre musulmane, juifs et chrétiens étaient considérés comme des *dhimmi*, leur conférant un statut d'infériorité avec obligation de payer un impôt, celui de la *jizya*. La dhimmitude avait soumis les communautés juives du Proche et du Moyen-Orient, en même temps qu'elle avait transformé les majorités chrétiennes en minorités éternelles.

— De toute façon, on n'a pas eu le choix. La situation en France nous condamnait. Je vous rappelle, au cas où vous l'auriez oublié, qu'il y a les bombardements, la misère et la guerre civile, dit Aurélien d'une voix résignée.

— La situation est catastrophique, c'est vrai, mais au moins, il y a de grands hommes sur lesquels on peut compter pour l'avenir, lance Louise.

— Hum... Oui... il y avait...

— Comment ça, Aurélien ? Pourquoi tu parles au passé ? Saint-Cyr est un homme de valeurs et il saura sortir la France de cette horreur !

— Saint-Cyr...

— Eh bien quoi, Saint-Cyr ? relance-t-elle, agacée.

— Il est mort. Le chef d'état-major de nos armées est mort. Voilà. Je n'ai pas eu le temps de te le dire depuis notre arrivée.

— Quoi ? Mais c'est impossible ? Le général de Saint-Cyr ? Mais enfin de quoi il est mort ?

— D'une crise cardiaque.

— D'une crise cardiaque ? Quoi ? Comme ça ? En pleine guerre ?!

— C'est tout ce que je sais, Louise. Difficile d'avoir des informations fiables. Tu peux peut-être contacter le cabinet des Affaires étrangères, ironise Aurélien.

— Ça suffit ! La priorité, c'est d'obtenir vos papiers. De ne pas attirer l'attention sur vous, coupe Malek d'une voix autoritaire.

Louise entend le rire flaubertien du général de Saint-Cyr. Comment un colosse comme lui, en pleine santé, a-t-il pu succomber à une crise cardiaque ? Il n'y avait pas plus grand serviteur de la France que lui. Qui sera désormais le dernier Français à rester dans la tranchée ? Elle se sent de nouveau orpheline, cette fois d'un père de la Nation. Sans le général, la France n'est déjà plus la France. Il aura écrit une belle page de l'histoire du pays et inoculé à ses troupes le goût de l'intrépidité. Il ne reste plus à ses successeurs qu'à sauver l'honneur de la France, rien que ça.

Soudain, une petite voix tremblante s'élève.

— Maman ! Maman, s'écrie Mattéo en avançant vers eux, son doudou en forme de lapin à grandes oreilles serré dans sa petite main.

Louise bondit de sa chaise. Depuis plusieurs mois, son petit est sujet à des cauchemars à répétition. De mauvais rêves qui ont décidé la mère de famille à le faire dormir près d'elle, contre l'avis d'Aurélien. Les images glaçantes d'immeubles éventrés dans les rues de Paris l'avaient profondément perturbé. Les enfants comprennent plus vite la réalité que leurs parents enfermés dans leurs mensonges à base de « Ça ira mieux demain ».

15

La nuit tombe et avec elle une humidité persistante. Le ciel est à la fois calme et fébrile. C'est une étrange atmosphère qui règne au-dehors et au-dedans. Tout le monde est réuni autour du poste de radio qui trône au milieu du séjour. Un discours du président est annoncé à vingt heures précises. Malek a entendu dire que ce serait une prise de parole importante. Le groupe retient son souffle. Le vieux transistor grésille. La voix d'Abassi résonne. Il déclare que la situation est devenue intenable, que la Djalmanie ne peut plus supporter l'afflux de réfugiés européens. Il dénonce le danger d'un continent se vidant dans un autre. « L'Europe se déverse dans l'Afrique », lance-t-il. Le président affirme aussi qu'un point de non-retour a été atteint et que de nouvelles mesures d'urgence seront annoncées d'ici à demain matin. Sa dernière phrase résonne comme un avertissement angoissant. « Dans quelques heures, notre pays a rendez-vous avec son histoire. La Djalmanie restera la Djalmanie. Je ne serai pas le président de deux peuples dans mon propre pays. Il ne peut y avoir qu'un seul peuple. Et ce peuple est composé des Djalmaniens de souche. »

Trois minutes d'allocution pendant lesquelles les visages se sont peu à peu cadenassés. Comme une voleuse, la peur s'est introduite par effraction dans la maison de Badia. Les Dubreuil et les Zaoui sont sonnés.

Rachel s'éloigne de la table à reculons, doucement, sans geste brusque, comme pour fuir un danger. Albert surnage difficilement à la surface de lui-même. Aurélien semble perdu dans une autre dimension et marmonne quelques mots indéchiffrables. La rue a gagné. La haine crie victoire. Des idées aux odeurs pestilentielles montent à la surface. Les plus bas instincts ont été libérés. La radio diffuse à présent un débat formulé dans des termes sans ambiguïté : « Comment se débarrasser des migrants européens ? » Des intervenants surexcités s'affrontent sur le sujet.

— Et s'ils viennent par millions, que ferons-nous ? Avez-vous vu comment leurs filles s'habillent ? Des dévergondées avec des tee-shirts au-dessus du nombril ! Je vous le demande, comment contenir tous ces gens avec leurs mœurs décadentes ? Et puis je vous le dis, quand ils viennent chez nous, ils vivent entre eux dans des zones chrétiennes et juives excluant les musulmans. Aujourd'hui, il y a un autre peuple sur notre sol. Un peuple qui ne partage rien avec nous. Rien. Demain, ils nous feront face. Ça va être la guerre civile, un affrontement terrible. Alors comment voulez-vous qu'on continue à les accueillir ? Dites-moi comment ? interroge un ancien préfet de police.

— Si on ne réagit pas maintenant, on sera submergés, il faut frapper fort, sans hésiter, on joue notre survie, c'est une question existentielle, éructe un ancien ministre.

— Taisez-vous ! Vous n'avez rien fait quand vous étiez au pouvoir et aujourd'hui, vous osez venir sur un plateau de télé pour nous donner des leçons ! Escroc, va ! lance un chroniqueur connu pour ses positions extrêmes.

— Je ne vous permets pas ! répond l'ex-ministre piqué au vif.

— Rien à faire de votre permission ! Vous n'êtes qu'un faible, un escroc et un menteur. On est en train de payer vos lâchetés et toutes ces années de déni et d'aveuglement. Vous avez vu arriver ces centaines de bateaux depuis l'Europe et vous n'avez rien fait ! Rien ! Au contraire, vous avez même affirmé qu'au nom d'un prétendu devoir d'humanité et d'une hypothétique solidarité le Maghreb devait les accueillir à bras ouverts. Et maintenant, la Djalmanie est en train de changer. Je ne reconnais plus mon pays. Tous ces colons d'Europe, de France, de Grande-Bretagne et autres ont fait subir de grandes humiliations à nos exilés, alors il est temps de leur rendre la monnaie de leur pièce ! C'est une armée qui est en train de débarquer, une armée de chrétiens et de juifs ! Ils arrivent par vagues ! Et quelle a été votre réaction ? Rien ! On se laisse submerger. Pourtant vous savez très bien ce que souhaite le peuple ! Il y a eu un référendum au sujet de l'immigration. Le peuple a parlé. Et c'est clair. Pour quatre-vingt-seize pour cent des Djalmaniens, il est urgent de stopper les flux migratoires et de renvoyer tous ces Occidentaux chez eux. Et vous n'avez pas bougé ! C'est une forme de non-assistance à peuple en danger. Vous devriez en répondre devant un tribunal. Vous êtes un collabo ! Vous ne savez que lécher les savates crasseuses de l'Occident ! Vendu, va !

— Ça suffit maintenant ! Ça suffit ! Je vous rappelle que notre religion nous enjoint d'accueillir l'étranger. Il existe une injonction prophétique qui dit : « Celui qui croit en Dieu et au Jour dernier doit être hospitalier avec son visiteur ! »

— Et eux ? Ils ont respecté leur religion et leurs écrits quand ils ont laissé mourir nos frères à quelques kilomètres de leurs côtes alors qu'il est écrit dans leur Bible : « Tu n'exploiteras ni n'opprimeras l'immigré car vous avez été des immigrés au pays d'Égypte » ? Des menteurs ! Et vous aussi ! Arrêtez de nous balader avec vos idées humanistes éjaculées de votre cerveau amorti !

— Je ne vous permets pas ! Qu'est-ce que vous auriez fait, vous, à part insulter et hurler comme un animal ? s'énerve l'ancien ministre.

— Vous verrez qu'ils voudront construire des églises, qu'ils vont déverser leur connerie woke, leurs mœurs de dévergondés LGBTQI, leur droit-de-l'hommisme et qu'ils vont chercher à rétablir un ordre colonial. Et tout ça, c'est de votre faute, de votre responsabilité, monsieur l'ancien ministre de rien du tout ! On doit résister ! J'appelle les Djalmaniens à la résistance. On est en guerre. C'est une vraie guerre de civilisation... On a le droit de se défendre. On a le devoir de se défendre !

— Espèce de clown, va ! Vous n'avez pas le début d'une idée. Vous appelez à la guerre, mais contre qui ?

— Je m'en fous moi des idées ! Il faut des actes ! Des actes !

— Eh bien, allez-y ! Quels actes ?!

— Je donne l'ordre de tirer sur les bateaux et c'est fini ! répond le chroniqueur, l'œil enflammé.

— Vous êtes complètement fou !

— Je suis lucide, moi. Quand on est envahi, on se défend. Quand on est frappé, on ne tend pas l'autre joue. Notre pays est en situation de légitime défense.

Effarement autour de la table. Aucun besoin de traduction pour comprendre un tel débat qui a tourné au pugilat sur les migrants ! Le programme se termine par la diffusion de chants scandés lors des manifestations anti-immigration de la veille : « On est chez nous ! On est chez nous ! Rentrez chez vous ! Ici en Djalmanie, on est chez nous ! On est en terre musulmane ! Stop à la colonisation ! Il est fini le temps des colons ! Rentrez chez vous ! »

Dans une ambiance mêlant effroi et abattement, sans un mot, tous partent se coucher, à l'exception de Malek sorti prendre l'air sous l'immense bougainvillier de la terrasse, bientôt rejoint par Louise.

16

La lune diffuse une clarté vive, la nuit, un silence sombre. Au-dessus de leurs têtes, une légère brise berce les fleurs du bougainvillier géant.

— Vous en voulez un peu ? demande Malek en tendant un petit verre givré à Louise.

— Qu'est-ce que c'est ? répond la jeune femme, intriguée.

— Goûtez. C'est une eau-de-vie locale à base d'alcool de figues... Mais je vous préviens, c'est costaud !

— Ça ne peut pas faire de mal, dit-elle en portant la boisson à ses lèvres.

Malek suit avec la plus grande attention chacun de ses mouvements, comme s'il savait à l'avance que ce moment ne se répétera plus. Louise secoue la tête en grimaçant. Des flammes lui dévorent la bouche. La coulée du liquide dans sa gorge lui provoque un frémissement jusqu'au tréfonds de ses entrailles. Pour la première fois depuis leur rencontre, il sourit, laissant apparaître ses fossettes aux commissures des lèvres. Elle ne peut s'empêcher de penser que leurs destins entrent en communion.

— J'ai peur, je suis morte de trouille, avoue-t-elle, s'étonnant de livrer cette confidence.

En guise de réponse, il lui lance un simple regard. Pas n'importe lequel. Le genre de regard qui raconte une histoire. Celle d'un aventurier qui, après avoir connu les montagnes enneigées d'Iran, les paysages arides du sultanat d'Oman et la diversité de la faune éthiopienne, se retrouve bloqué à Badia. Cette vie de tribulations s'était achevée avec le départ brutal de sa femme dont le cœur pur avait lâché de trop voir le monde s'enlaidir et les gens s'autodétruire. Sofia se vivait en étrangère dans un environnement brutal. Trop pure pour tant de mesquineries. Trop naïve pour vivre en résistance. Le train de son destin s'est arrêté dans cette ville désertique du gouvernorat de T'seken, en Djalmanie.

Depuis, lui aussi a peur, confie Malek à Louise. Peur de s'éloigner. Peur que quelqu'un souille la tombe de son amour. Pour la protéger, il est devenu le gardien des lieux. Son chemin de vie consiste à demeurer auprès d'elle. Les voyages ne lui apportent plus aucune satisfaction. Nul besoin d'aller au bout du monde quand on ressent le plus grand des frissons en soi, sur le palier de sa maison ou au bas de son immeuble.

S'il lui est arrivé à plusieurs reprises de questionner Dieu sur ce qu'il a bien pu faire pour mériter un tel coup du sort, Malek n'a jamais pour autant déserté sa croyance. Souvent, il s'interroge si l'inverse est vrai. Dieu croit-Il encore en l'Homme ? Dieu a-t-Il foi en Ses créatures ? Que pense le Tout-Puissant de l'action de ceux qui n'ont plus rien d'humain ? Comment peut-Il regarder tant de barbarie et de souffrance sans réagir ? Ces questions le hantent. Il se souvient de l'une de ses premières visites au cimetière, debout devant une tombe nue, celle qui jouxte la pierre tombale de Sofia, une sépulture sans monument ni même d'inscription. Il ne comprend toujours pas ce qui a pu pousser une famille à maltraiter de cette façon un être qui lui fut cher. Peut-on à ce point avoir le cœur sec pour rechigner à construire une sépulture digne de ce nom ? Ils n'avaient peut-être pas suffisamment d'argent pour le faire ? espérait-il un instant. Renseignements pris à la municipalité, ce n'était pas tant le manque de moyens financiers des proches qui était à l'origine du délaissement du défunt qu'un manque de temps à consacrer au mort. Malek l'assimile à une atrophie d'humanité. Étrangement, il s'était vite senti relié à cet homme enseveli sous une terre noire et profonde.

Le berger du village voisin lui avait raconté quelques bribes de la vie de cet homme. Une existence ordinaire au service des siens. Il y a quelque chose d'indicible qu'aucun nom ne vienne donner un visage à un défunt. N'est-ce pas le pire abandon que celui qui frappe après la mort ? Cet homme n'avait pas pu mourir dignement. Il était déjà mort, poignardé par la lame perforante de l'indignité de ses enfants. Terrible morsure des bouches que vous avez nourries.

En longeant le carré de terre fraîchement retournée, Malek pouvait entendre à intervalles réguliers le frémissement de cette âme entravée dans sa lente montée au ciel. Entre chaque murmure, un silence infini s'installait avec grâce. La vraie déchéance réside dans le glacé des cœurs de cette famille. Qui abîme la mort abîme l'humanité entière, pense-t-il. En déposant quelques fleurs sur l'emplacement de l'oublié et en faisant graver son nom sur le marbre blanc, Malek avait fait plus de bien en l'espace de quelques instants que les proches du défunt au cours de toute une vie.

D'ailleurs, peut-on vraiment les appeler « proches » ? Dans le cimetière de Badia, il avait accompli une action de bien. Par ce geste sans prétention, Malek avait fait revenir le sang dans les veines de l'espérance. Il avait témoigné à cet homme l'intérêt que chacun voudrait pour soi, l'accompagnant jusqu'à sa dernière demeure. La plus grande peine avait accouché de la plus grande joie. Dieu a davantage été présent ce jour-là qu'Il ne l'a été et ne le sera jamais dans les textes et les discours de tous les religieux de la terre. Un peu comme les rayures du zèbre, il existe une alternance entre le clair et le sombre, entre la noirceur et la lumière. La splendeur de cette vie n'est pas dissociable de sa face obscure. Nul n'est plus ignorant que celui qui croit que l'émerveillement n'a pas de contrepartie, pas de face B. Il y a toujours un retour de bâton à la magnificence. Il nous faut payer une addition après un festin. Le pire peut aussi révéler un épanouissement en soi et permettre un retour aux choses les plus nobles de l'existence, concède Malek. Après son geste au cimetière de Badia, il avait rêvé de cet homme sortant de son cercueil pour venir l'embrasser. De ce songe, il avait tiré la force de poursuivre son chemin.

Louise se reconnaît dans chacun de ses mots. Les êtres frappés de deuil sont reliés entre eux par un fil invisible aux yeux de ceux qui n'ont pas encore connu cette épreuve ultime.

Telle une communauté unie par des liens de terre, Louise et Malek s'apprivoisent à chaque respiration. Ils partagent la même pureté d'âme mais ne le perçoivent pas encore. Ils savent que mettre en terre un être ne revient pas à ensevelir sa présence. Ils se rejoignent face aux raisonnables et aux comptables de la vie qui moquent leur conversation avec l'invisible.

La communauté des endeuillés est la seule au monde qui se nourrit au fur et à mesure de ses départs. La seule civilisation qui ne disparaîtra jamais. La civilisation des morts est celle de l'éternité.

— J'ai vu le chapelet sur la commode de votre chambre. J'espère que je ne suis pas indiscrète en vous demandant si... si...

— Si quoi ? Si je suis musulman ?

— Oui, c'est indiscret ? lui dit-elle délicatement.

— Pas du tout. Vous me parlez de mon chapelet mais je vois aussi celui à votre cou, bien serré sur votre cœur. Nos chapelets sont-ils si différents ?

— Le vôtre est musulman, le mien catholique.

— Les prières nous permettent de ne pas nous éloigner de Dieu, de demeurer sous Son regard et Sa bénédiction, quels que soient notre religion et notre chapelet ! Pour ma part, je suis devenu musulman.

En lui répondant, Malek se déleste d'un poids qui l'écrasait depuis des années, depuis qu'il s'était emmuré dans une prison de plomb. Chaque fois qu'il avait essayé d'en sortir, un geôlier était venu l'y reconduire de force. Au fil des ans, il s'éteignait doucement comme une bougie sans mèche. Tant de fois il avait prié pour prendre la place de sa femme dans le cimetière de Badia. Pourquoi elle ? Pourquoi, mon Dieu ? Pourquoi pas moi ? songeait-il à longueur de journée.

Pour lui redonner vie, il aurait voulu avaler toutes ses ombres. Ce soir, pour la première fois, après s'être enseveli sous une montagne d'absence durant des années, il se livre et se délivre.

Il lui aura fallu traverser et briser des couches et des couches de carapace avant d'y arriver. Batailler contre la pesanteur du temps. Prier pour que le parfum rance de la culpabilité cesse de le suivre. Lutter contre la solitude dévorante. Mais la délivrance est enfin là. Malek se sent apaisé auprès de Louise.

Sa poitrine se remplit d'air frais. La porte de sa cage thoracique laisse échapper toute la noirceur du passé.

— C'est pour elle, oui. Je me suis converti pour Sofia, ma femme, dit-il avec un air empreint d'une grande noblesse.

Au lendemain de l'enterrement de son épouse, Angelo Castellini a changé de prénom dans la foulée de sa conversion. Il a opté pour *Malek* qui signifie en arabe « le roi » ou « celui qui possède de nombreux biens ». N'ayant plus rien hormis le souvenir de Sofia et son chapelet en perles d'ivoire, il voulait, à travers ce choix, adresser un ultime pied de nez à la mort. Louise est bouleversée. *Il a quelque chose de seigneurial*, pense-t-elle.

Lui ne se plaint pas ou si peu de ses manques. Pourquoi le ferait-il ? Malek estime malgré tout qu'il est chanceux. Rares sont ceux qui disposent d'une nouvelle opportunité pour ajuster le sens de leur existence, comme on corrige une copie brouillonne écrite à la va-vite à l'encre de l'orgueil et de l'égoïsme. Le deuil a désencombré sa vie, lui offrant une raison de résister à la course effrénée des hommes. La mort n'aura pas le mot de la fin.

Dans la gueule du diable, il a plongé si profondément sa main qu'il a fini par en extraire de la poussière d'or. Il sait maintenant que Sofia se penche chaque soir sur son épaule, éclairant sa nuit d'un billet aller-retour vers son paradis. À qui peut-il confier qu'il est entré au paradis de son vivant ? Ces choses-là ne se racontent pas, elles se chuchotent au creux des cœurs sensibles.

— Et vous ? lui lance-t-il.

— C'est-à-dire ?... Qu'est-ce que vous entendez par là ? répond Louise, décontenancée.

— Eh bien, quel prénom vous auriez choisi ? Hum... Leïla ? Oui, Leïla, ça vous irait bien, je trouve.

— Euh... quel prénom ? Leïla ? Je ne sais pas... Mais ce que je sais, c'est que je ne changerai jamais de religion, jamais de prénom, jamais ! assure-t-elle en serrant entre ses doigts le chapelet de son père.

— Pardon, je suis maladroit. Je vous prie de m'excuser. Ça fait longtemps que je n'ai pas eu une telle conversation et en plus avec une femme... Je voulais savoir si... si vous avez déjà eu des doutes ? Vous semblez si sûre de vous... Comment faites-vous ?

Ne s'attendant pas à pareille question, Louise se sent soudainement en danger. Elle a l'impression qu'on feuillette son âme. La conversation prend une tournure trop personnelle à son goût. Elle ne sait pas s'il faut s'en réjouir ou s'en méfier. Jamais elle ne s'était aventurée si intimement avec quelqu'un. D'autant plus un inconnu.

Tout est différent désormais. Avec une infinie douceur, quelque chose de l'autre monde est venu percuter celui-ci. Elle songe à cette phrase de Stefan Zweig dans *La Confusion des sentiments* : « Rien ne trouble plus puissamment quelqu'un que la réalisation subite de son désir ardent. »

Elle brûle d'envie de tout lui dire ici et maintenant. La douleur de l'exil, la peur de la mort, l'injonction au bonheur, toutes ces choses pour lesquelles tant de gens traversent cette vie en silence.

— Parlez, allez-y. Comme le dit un proverbe arabe, ce qui n'est pas énoncé se perd comme l'eau dans le sable, dit-il avec une profonde tranquillité dans la voix.

17

La lumière offerte par la lune tombe en pluie sur Badia.

Sous le haut magistère du bougainvillier s'engage une conversation semblable à celle d'enfants quand ils imitent les grands. Un pacte spirituel s'est noué entre les deux amants d'esprit.

À l'abri des regards, ils s'échappent du monde. Louise confie sa quête d'amour et de grâce qui fait tant défaut à nos sociétés irraisonnées. L'Évangile, le plus grand texte qui soit à ses yeux, est son réconfort quotidien. Elle pousse la confidence jusqu'à lui révéler son incapacité de s'abandonner à elle-même.

Ses doutes, nombreux, n'ont jamais altéré la force de sa foi. C'est essentiellement à l'Église qu'elle adresse ses critiques, dénonçant un clergé qui ne sait plus parler à ses fidèles. Elle déplore son inaptitude à transmettre au monde ce qu'est le christianisme. Il n'y a plus de grandes et belles voix chrétiennes, l'institution elle-même n'est pas convaincue de sa mission, se désole-t-elle. Pourtant Louise restera à jamais sensible au langage de l'âme. Comme sa propre sœur Estelle qui a trouvé sa voie dans la religion catholique après une jeunesse cabossée. La nuit, les hommes, les talons aiguilles, Estelle a tout plaqué. Elle a troqué sa vie pour une existence au service de Dieu au sein d'une communauté monastique en plein cœur de Paris, le couvent des Feuillantines.

— Et si elle s'était tournée vers l'islam ? Qu'auriez-vous pensé de son choix ? lui demande Malek en souriant.

— La question ne s'est pas posée...

— Moi je vous la pose.

— Mais ce n'est pas le cas, donc c'est de la fiction, tout ça.

— Pourquoi êtes-vous gênée ? Vous rougissez maintenant.

— Écoutez... Je respecte votre choix, Malek. Je le respecte infiniment... Se convertir en mémoire de votre femme décédée est un geste d'amour absolu...

— Mais... ? Il y a toujours un mais quand on commence une phrase comme ça. C'est quoi le « mais », Louise ? J'entends une crispation sourde dans votre voix.

— Je n'ai aucun problème avec ça, je vous assure. Aucun problème avec l'islam mais je me pose beaucoup de questions quand même.

— Lesquelles ? Allez-y ! Il n'y a que vous et moi ce soir... C'est l'occasion de poser toutes les questions, de tout se dire. Ce moment sera peut-être le dernier ! Qui sait ce que la vie ou la mort nous réserve demain...

— La plupart des attentats de ces dernières années ont été commis au nom de votre religion. Attention, je ne dis pas que ce sont les musulmans qui posent problème, mais enfin, tout ça est perturbant vous ne croyez pas ? Il y a quelque chose qui ne va pas dans les textes, dans leur interprétation. Et c'est une modérée qui dit ça. J'aimerais tant croire tous ceux qui affirment que l'islam est une religion de paix...

— Mais c'est le cas. C'est une religion de paix. L'islam m'a apporté une lumière apaisante et salvatrice. Le prophète Mohammed, *sallalahu alayhi wa salam*, a dit : « Dieu ne regarde ni votre apparence ni vos richesses mais il regarde vos cœurs et vos actes. » Ce sont des paroles de paix et d'amour qui ne sont jamais mises en avant quand on parle d'islam. Et il y a des centaines de citations comme celle-là. Et voici celle qui me sert aujourd'hui de guide : « Agissez pour ce monde comme si vous deviez vivre mille ans, et pour l'autre comme si vous deviez mourir demain. » Ça signifie qu'il faut agir sans rien attendre en retour, agir sans espoir d'une récompense dans ce monde qui n'est rien.

— C'est beau, très beau, Malek, mais vous savez pertinemment que les islamistes ont une autre lecture...

— On peut être l'ennemi juré des islamistes comme moi sans être l'ennemi de l'islam, Louise. Il est important de faire cette distinction.

— Je vous crois, bien sûr que je vous crois... mais pourquoi cette religion génère-t-elle tous ces extrémistes ? Pourquoi l'islam en particulier ?

— Le prophète Mohammed, *sallalahu alayhi wa salam*, a dit aussi que...

Louise l'interrompt.

— Pourquoi répétez-vous chaque fois cette phrase après le nom du prophète Mohammed ?

— C'est une invocation qui signifie : « Que la paix et les bénédictions d'Allah soient sur lui. » Mais laissez-moi continuer. Il a dit aussi, donc : « Ce que vous faites de bien et de mal, vous le faites à vous-même. » Toutes ces paroles sont des paroles de paix ! De paix !

— Bien sûr qu'il y a des paroles de paix mais il y a combien d'islams ? Vous niez qu'il y a un islam violent qui s'est propagé par le djihad et l'épée ? Et la conquête de l'Andalousie par les musulmans ? Et celle des Turcs ottomans ? Ne soyez pas naïf… L'islam est en pleine expansion, en grande santé et son caractère hégémonique n'est plus à démontrer !

— Parlons dans ce cas des croisades aussi… ! C'est le pendant chrétien du djihad. En quoi la guerre sainte était-elle juste ?

— Vous avez vraiment la foi du converti !

— Je ne cherche pas à vous convaincre, Louise. Je vous parle avec un cœur serein pour éclairer votre vision faussée. Croyez-moi. Il faut revenir au texte. D'après les traditions, le prophète Mohammed, *sallalahu alayhi wa salam*, a dit : « J'ai été envoyé afin de réaliser les vertus morales et les conduire à leur perfection. » Et jamais, au grand jamais, il n'a dit qu'il a été envoyé avec la mission de conquérir et de convertir le monde par l'épée et la guerre. Et maintenant, levez la tête et regardez le ciel. Regardez ce qu'il nous offre ce soir. Regardez cette jouissance débordante qui se balance entre les étoiles. Regardez bien, Louise, ce ciel qui nous invite à l'abandon. Je vous parle là de l'essentiel, de la poutre qui soutient l'édifice. Il faut arrêter de ne regarder que l'écharde dans la chair de l'islam. Cette religion m'a sauvé de l'abîme entrouvert après la mort de ma femme. J'étais à la lisière du néant. Aujourd'hui, je suis en paix avec moi-même. Une paix absolue, achevée. Laissez-moi vous raconter ce long chemin.

Malek parle d'une voix sans nuage. Louise rend les armes, pour ce soir du moins. Leur échange ressemble à une scène historique, celle entre le roi Saint Louis, capturé en 1250 lors de la bataille de Mansoura, et la belle sultane Chajra al-Dour. Lorsque celle-ci proposa au roi croisé de se convertir à l'islam, Saint Louis refusa au nom de sa foi. Louise repense à ce saint éternel, à son humanité, à sa recherche permanente du bien commun et à ses hésitations aussi. Ce grand personnage de l'histoire de France pétri de doutes. Malgré sa force de caractère, il balançait sans cesse entre autorité et miséricorde. Étrangement, Louise ressent une proximité avec ce grand souverain. Tout comme lui, elle hésite entre la fermeté et la compassion face aux paroles ensorceleuses de Malek le musulman. En fermant les yeux, elle se voit à Damiette, sur le port non loin du Nil, pour l'arrivée de la flotte royale. La première décision de Louis IX fut de fonder une église dans la mosquée. Comment ce geste serait-il appréhendé aujourd'hui ? s'interroge intérieurement Louise. Après tout, des églises ont bien été transformées en mosquées en France sans que cela provoque de débat ni de polémique. Perdue dans ses songes, elle fixe intensément Malek en quête d'une réponse.

Dans la maison, personne ne s'est rendu compte de leur aparté nocturne. Ensemble, ils ont enjambé la clôture du paradis. De ce bref voyage dans l'éternité, à la fois spirituel et charnel, Louise retient que Malek est sa terre d'espérance, d'espoir d'un exil possible. Lui a compris que Louise peut être sa promesse, le partage d'une caresse, ne fût-ce qu'un soir. Le sacré les unit. Un serment promis qui engage la jeune Française à veiller à ce que Malek soit enterré près de son épouse quand son heure sera venue. Sous le ciel protecteur de Badia, ils s'apprêtent à sceller leur union éphémère par un geste définitif. Louise retire son chapelet et le passe autour du cou de son hôte qui lui tend à son tour le sien. Il ajuste le collier musulman en relevant ses boucles noires sur sa nuque délicate. Par cet échange, leurs âmes n'en forment plus qu'une.

18

Dans le ciel de France, les chasseurs tricolores font face à des escadrilles de pilotes russes aguerris. Les bombardements s'intensifient. Au sol, tout s'embrase. La guérilla se propage sur l'ensemble du territoire comme une ombre malveillante. Dans les villes et les villages, les habitants se barricadent pour échapper au chaos généralisé. L'Europe se déchire.

De l'autre côté de la Méditerranée, à Badia, l'aube se fait attendre. Chaque minute dure une éternité. Le silence règne sur la plaine devant la maison. Soudain, une énorme détonation fait trembler les murs. Bruit sourd du bois qui explose. La porte d'entrée vole en éclats. En entendant les cris dans le salon, Louise pense aussitôt à un kidnapping ou à un violent cambriolage. Peut-être est-ce les deux à la fois ? panique-t-elle. Dans un réflexe de survie, elle se couche sur ses garçons pour les protéger. Son cœur menace d'éclater. Des hommes en noir courent dans tous les sens, suivis par des chiens aussi agressifs que leurs maîtres. Malek est violemment plaqué au sol, face contre terre, et menotté. Aurélien, Albert, Rachel et Julie sont encerclés par deux gardes chacun. Une silhouette s'avance en hurlant des ordres en arabe. Tournant le dos à la chambre où se trouve Louise, celui qui semble être le chef de meute ne lui montre pas son visage. D'un coup, l'homme pivote et la toise d'un regard haineux. Sa tête est aussi carrée que ses épaules. Son uniforme est déformé par un corps adipeux. Sur sa poitrine, un écusson brodé de fils d'or comportant trois lettres, BRM.

— Vos papiers tout de suite ! Je veux voir vos papiers, éructe-t-il en français.

Personne ne réagit.

— Papiers ! Papiers ! répète-t-il en s'égosillant.

— Ce sont des réfugiés de guerre. Ils ont fui une situation terrible en Europe. Ils sont français. Ils n'ont pas encore de papiers djalmaniens. Tout est en cours de régularisation, intervient Malek avec un calme surprenant tandis que la situation se fait incontrôlable.

— Ta gueule, toi ! Personne ne t'a sonné, le collabo. Ça va te faire du bien, un petit séjour en prison. Tu sais qui je suis ? hein ? Tu sais ou pas ? Je suis le chef de la Brigade de répression des migrants et toi, tu vas payer pour toutes tes conneries, enrage le policier qui écrase la joue de Malek avec son talon, laissant sur sa chair l'empreinte de sa semelle.

— Je vous en prie, ne nous faites pas de mal ! On n'a rien fait. On est juste des réfugiés. On vient de France, on a fui la guerre avec nos enfants ! Qu'est-ce que vous voulez ? De l'argent ? J'en ai ! Combien ? Votre prix sera le mien.

Je vous en supplie, épargnez-nous, implore Aurélien d'une voix chevrotante.

— Tu crois que tout s'achète, toi ? Tu te crois dans un pays véreux ou quoi ? On va vous placer en centre de rétention, c'est la loi. Et le traître, lui, il va au trou direct ! Allez, ramassez-moi tout ça, ordonne-t-il à ses hommes.

En l'espace de quelques secondes, les Dubreuil et les Zaoui sont jetés à l'arrière d'un fourgon rouillé et humide. Malek, lui, est embarqué *manu militari* dans la voiture du chef de la BRM qui lui enfile une cagoule sur la tête. En essuyant d'un geste doux les larmes du petit Mattéo apeuré, Louise se récite, telle une prière, la maxime de son professeur : « Même un chat noir, dans un sac noir, enfermé dans une pièce noire doit garder espoir »… Remarquant le chapelet au cou de Louise, l'un des membres de la brigade, bâti comme un hercule, arrache violemment le bijou sacré faisant voler toutes les perles qui se dispersent aux quatre coins du fourgon.

Louise retient son envie de lui cracher au visage pour protéger ses enfants de toutes représailles.

— D'où elle vient, cette *sabha* ? Qui te l'a donnée ? T'es musulmane, toi ? Si tu veux t'installer en Djalmanie, alors tu fais comme les Djalmaniens ! Tu vas voir comment ça se passe ici, menace-t-il.

— Tu vas voir ce que c'est qu'une vraie religion, reprend un autre au visage buriné et mangé par une barbe orange, couleur henné.

Louise ressent une douleur lui mordre le cœur. Le chapelet de Malek, le seul bien de sa femme qu'il ait conservé, gît brisé à ses pieds. À travers les barreaux du véhicule, elle voit s'éloigner la maison de Badia comme elle voit sombrer ses rêves d'un exil paisible. La demeure Castellini n'est plus qu'un point perdu dans le lointain.

Les heures et les paysages défilent. Soudain, le fourgon s'immobilise. Dehors, le désert domine. Une chaleur d'enfer s'engouffre dans le véhicule. L'un des membres de la brigade de répression des migrants vient d'en ouvrir la porte arrière. Rendus groggys par le voyage, les Dubreuil et les Zaoui se déplient lentement et sortent avec difficulté. Face à eux, au milieu de la fournaise, un bâtiment s'élève, une sorte de tour de contrôle d'où partent des barbelés à perte de vue.

— Bienvenue au camp de réfugiés de Ras Abyad, à la frontière entre la Djalmanie et la Libye, lance le conducteur sur un ton sévère. C'est ici que vous serez retenus le temps de traiter vos demandes d'asile.

L'immense enclos de six mille mètres carrés, encadré de portiques de sécurité et de scanners à rayons, se compose de dizaines de containers de couleurs différentes dans lesquels les migrants sont répartis ou plutôt parqués selon leur pays d'origine. Chaque container comprend quatre lits superposés. Les douches et les cuisines sont communes. Ras Abyad a des allures de Fort Knox doté de drones survolant vingt-quatre heures sur vingt-quatre les moindres recoins du camp pour transmettre en temps réel les images suspectes. Des patrouilles disposant de lunettes à réalité contrôlent chaque centimètre carré de terrain.

Si une arme blanche est repérée, instantanément, les portes des containers se verrouillent et tant pis si un migrant se trouve pris au piège lorsque le battant d'acier se referme sur lui.

Regards noirs, visages fermés et mâchoires serrées des gardes apprennent aux nouveaux arrivants les règles en vigueur. Chaque réfugié doit rejoindre son container avant dix-neuf heures trente sous peine de sanctions disciplinaires. En cas d'émeute, les ordres sont clairs, les surveillants sont autorisés à tirer à balles réelles après une seule et unique sommation. Encore sonnés par ce qui leur arrive, les Dubreuil et les Zaoui ne réalisent pas ce qui vient d'être énoncé. En face d'eux, derrière les barbelés, des femmes, des enfants et beaucoup d'hommes déambulent avec des airs de bêtes traquées.

— Nom, prénom, lieu de naissance, demande l'un des gardes en se tournant vers Louise.

— Mes enfants ont faim, ils sont terrorisés. Je vous en prie... Je dois les nourrir.

— Nom, prénom, lieu de naissance, répète l'homme mécaniquement.

— Je voudrais juste un morceau de pain.

— Nom, prénom, lieu de naissance, assène-t-il encore à haute voix.

Elle s'exécute.

— Dubreuil, Louise, Paris, France.

— Noms, prénoms et lieux de naissance des enfants.

— Dubreuil, Mattéo, Paris, et Dubreuil, Mathieu, Paris.

— Nom, prénom, lieu de naissance, lance le garde en se tournant vers Aurélien.

— Dubreuil, Aurélien, Nantes, France, répond le mari d'un ton las.

— Container numéro 232, couleur bleue, indique le garde en leur remettant à chacun un petit livret intitulé *Code de bonne conduite pour migrants*.

Même scénario pour les Zaoui qui sont logés dans le container 245, zone réservée aux Français. Rachel commence à lire à voix basse le manuel.

— « Cher homme étranger, chère femme étrangère, vous êtes maintenant en Djalmanie. Il vous appartient désormais d'épouser la culture de notre pays et ne pas rester à l'écart de nos mœurs et de nos coutumes. Points essentiels à retenir en terre d'islam : 1. Quiconque souhaite vivre sur notre sol doit respecter notre religion et ne jamais blasphémer. 2. Nos femmes portent le voile par conviction et par pudeur. Tout acte nuisant à leur intégrité physique ou morale sera lourdement sanctionné et vaudra expulsion du territoire. 3. En Djalmanie, l'homosexualité est totalement interdite. 4. Il est recommandé de porter des vêtements décents afin de ne pas attirer les regards et de ne pas provoquer d'incompréhension. 5. Dans notre société, les anciens vivent parmi nous et non à l'écart dans des EHPAD. Le respect envers les personnes âgées est un élément constitutif de notre société et de notre civilisation. 6. Selon la foi musulmane, l'incinération des morts est un péché. Des carrés chrétiens ou juifs vous sont réservés dans les cimetières des grandes villes. 7. Vos enfants devront apprendre à aimer et à respecter les grands personnages historiques djalmaniens. 8. Il est impératif pour toute personne étrangère d'apprendre par cœur l'hymne national. »

— C'est donc ça, notre destin, murmure Louise. Ne plus avoir de patrie.

Combien de routes empruntées pour arriver nulle part ? Comment s'imaginer finir comme des ombres sans terre ? Après le temps de la guerre en Europe, voici le temps du déracinement en terre d'islam. Dans ce théâtre d'ombres, le souvenir de son père, pourtant profondément ancré en elle, s'évanouit peu à peu. Les voici condamnés à l'errance, parqués dans un enclos. Ce décor hostile n'est pas tout à fait étranger à Louise. Il y a quelques années, alors toute jeune recrue des cabinets ministériels, elle avait visité un camp de migrants sur l'île grecque de Samos. Jamais elle n'aurait imaginé vivre ainsi. Elle se souvient d'un jeune homme dont elle a oublié le nom. D'ailleurs, en avait-il un ? Dans un camp, même l'identité est engloutie.

Il venait de Kirkouk, la partie irakienne du Kurdistan. Devant la délégation française, le jeune homme avait déplié une carte pour illustrer son voyage chaotique avant d'arriver dans la forteresse de Samos, prison à ciel ouvert financée avec l'argent des contribuables européens. Tous avaient fait semblant de l'écouter sous le regard des caméras de télévision. Il fallait faire preuve d'un peu de compassion pour obtenir de belles images et endormir l'opinion publique. Ce jour-là, Louise avait vu défiler des centaines de visages. Les faces des miséreux se succédaient comme des vagues à la surface de l'océan. Des enfants couraient ici et là. L'œil aux aguets, les mères cuisinaient du riz dans d'immenses bidons à même le sol. De temps en temps, des hurlements se faisaient entendre, certains plus angoissants que d'autres. Des cris qui n'avaient rien d'humain. « Rien de grave », répétaient les responsables du centre. Personne n'osait demander de quoi il retournait. À vrai dire, personne ne s'en souciait vraiment. Les camps de migrants sont des univers à part avec leur rythme de vie et leurs propres règles. La délégation avait appris plus tard qu'un homme, soupçonné d'avoir abusé d'un enfant, avait été émasculé par la famille de la jeune victime avant de mourir en se vidant de son sang. Le regard vengeur, la mère avait tenu la tête du cadavre pour réaliser un selfie. Elle s'était assurée par la suite que personne ne vienne enterrer le pédophile afin que son âme ne puisse jamais trouver le repos. Complices, les gardes avaient laissé faire. Pas de pitié pour les violeurs d'enfants. C'était la seule règle sur laquelle surveillants et migrants s'accordaient.

19

En direction du container 232, Louise ne lâche pas la main de ses deux garçons. Sur la porte, un drapeau français a été dessiné à la hâte. Bleu, blanc, rouge, pour indiquer le pays d'origine des habitants.

Dans le petit bungalow d'environ onze mètres carrés, des lits superposés, des sèche-serviettes pour le chauffage et une minuscule fenêtre avec vue sur nulle part.

— C'est provisoire, murmure Aurélien d'une voix sourde.

Louise ne réagit pas. Tout comme lorsque son mari lui avait assuré qu'ils reviendraient un jour en France. L'urgence consiste à trouver de la nourriture pour les enfants. Le paquet de chips sur la petite table fera l'affaire pour l'instant. Mathieu et Mattéo n'en font qu'une bouchée avant de prendre place sur les lits superposés à côté de la fenêtre. Deux heures passent sans un mot échangé. Elle pense à Malek. Sa voix affirmée, jamais résignée, lui manque. Son absence est un coup porté aux entrailles qui remonte jusqu'au cœur. Les mains jointes, elle lui adresse une prière.

— Tu penses à lui, c'est ça ? l'interrompt Aurélien.

— Tu crois vraiment que c'est le moment de parler de ça avec ce qu'on vit ?

— Eh bien, oui ! Tu crois que je n'ai pas remarqué ce qui s'est passé hier ? Vos échanges sur la terrasse ! Votre discussion jusque tard dans la nuit...

— Mais c'est pas vrai ! Tu m'espionnes ?!

— Mattéo est venu me voir en pleurs en pleine nuit parce que sa maman n'était pas à côté de lui dans le lit et il avait peur !

— Il ne s'est rien passé. Je peux quand même encore discuter avec qui je veux, non ? Cet homme nous a sauvés !

— Sauvés ? Tu plaisantes, j'espère. C'est à cause de lui si on est dans ce foutu centre ! C'est parce qu'il était recherché par la Brigade de répression des migrants qu'on se retrouve comme des chiens ici ! Tout est de sa faute !

— Et lui ? Tu penses un peu à lui ? Il a mis sa vie en péril pour des centaines d'exilés comme nous. Et maintenant il croupit dans une cellule risquant d'être torturé.

— Eh bien, qu'il y reste ! Moi, c'est ma famille qui m'inquiète ! Et maintenant, j'ai besoin d'air, dit-il en claquant la porte du container.

L'odeur de l'exil est partout. Une odeur qui s'engouffre jusque dans les vêtements. C'est une senteur semblable à celle libérée par la terre après la tempête. Une fragrance nostalgique, à la fois musquée et naturelle. Aurélien s'emplit les poumons de cet effluve singulier.

Les containers défilent sous ses yeux.

France, Allemagne, Espagne, Italie, Portugal... des centaines de familles sont amassées, condamnées à l'oubli.

Derrière les barbelés, la terre s'étend à perte de vue. Aurélien éprouve un étrange sentiment de paix au milieu de cet enfer. Il en a presque honte. Pourquoi se sent-il soudainement apaisé sur cette terre qui n'est pas la sienne ? Le pédiatre se prend à rêver d'une nouvelle vie possible. Il pourrait peut-être développer les pratiques de réattribution sexuelle en terre d'islam comme il l'a fait en Occident ? pense-t-il. Il y a sans doute des milliers, voire des millions de jeunes garçons ou filles qui ne reconnaissent pas leurs corps en Djalmanie. Un nouveau marché inexploré s'ouvrirait à lui, imagine-t-il, le regard illuminé.

Au bout de l'allée, un surveillant fume une cigarette, concentré sur son téléphone. Intrigué, Aurélien jette un coup d'œil par-dessus son épaule. Sur l'écran, il aperçoit des images d'une marée humaine impressionnante.

— اذهب ! (Va-t'en !) hurle l'homme en arabe.

— Je suis désolé, répond Aurélien en tremblant.

— Français ? Tu es français ?

— Oui, oui, français... Euh... On est arrivés ce matin au camp avec ma famille. Je m'appelle Auré...

— Je m'en fous de ton nom. Numéro de container ?

— Deux cent trente-deux.

— Qu'est-ce que tu veux ?

— Rien, rien. Les images... Les images sur ton téléphone, elles sont... elles sont...

— Eh bien ? Elles sont quoi ? Attention à ce que tu vas dire, mécréant. Tu as bien lu le guide de bonne conduite en Djalmanie avant de parler de ce que tu ne connais pas ?

— Oui, oui, j'ai bien lu...

— Ces images, c'est la Kaaba à La Mecque. Tous ces gens sont des pèlerins qui prient. Il n'y a rien de plus beau. C'est le rêve de tout musulman de pouvoir faire ce voyage. Qu'Allah le Miséricordieux me donne cette occasion dans ma vie de croyant.

— J'ai déjà vu des images comme ça. C'est impressionnant !

— Impressionnant ? Non, non, ce n'est pas impressionnant, ignorant, va ! C'est plus fort que tout. Quand on est sur place, on entre en état de transe. On est aimantés par la Kaaba. Ça dépasse tout !

— Euh oui, oui, c'est ce que je voulais dire. C'est en ça que c'est impressionnant...

Le garde s'approche d'Aurélien en le scrutant d'un air suspicieux de bas en haut.

— ماذا تريد ؟ ? (Qu'est-ce que tu veux ?)

— Je ne comprends pas l'arabe... Je viens d'arriver...

— Tu cherches quoi ? Tu crois qu'on va parler comme des amis et que je vais t'aider à sortir du camp ? اذهب ! (Va-t'en !)

— Non, non, je vous assure, je ne cherche rien. Je suis docteur, pédiatre, je m'occupe des enfants. Je suis ici avec ma famille et je ne veux pas de problèmes. Pas de problèmes, vous comprenez ?! Je suis docteur.

— Docteur ? Docteur des enfants ? s'exclame le garde.

— Oui, je soigne les enfants. Je m'occupe des plus petits. Je soigne leurs maladies et leurs petits bobos. C'est mon métier. C'est ce que je faisais en France avant de venir ici.

— فريد تعال تعال، يوجد طبيب (Farid, Farid, viens, il y a un docteur.)

Posté à quelques mètres, un autre garde quitte sa position et les rejoint.

— Tu es docteur, toi ? dit-il d'une voix grave en dévisageant Aurélien de ses yeux caves et noirs.

— Oui, je suis spécialiste des enfants, je suis pédiatre.

— Suis-moi, ordonne l'homme en prenant Aurélien par le bras.

Un container, puis un autre. L'homme entraîne le docteur sur plusieurs mètres. Soudain, le garde s'arrête devant un bloc de couleur rouge. Le code rouge, c'est l'Italie.

— Vas-y ! Il y a un enfant malade, personne n'arrive à savoir ce qu'il a. Ça fait des mois qu'il est comme ça. Vas-y, entre, répète-t-il à Aurélien en ouvrant la porte du container.

Dans la pièce, une famille avec trois enfants dont l'un est allongé sur un lit, le regard dans le vide.

— *Sei dottore ? Parli italiano ?* (Vous êtes docteur ? Vous parlez italien ?) interroge la mère.

— Euh... *Si, si, sono un pediatra, heu... sono francese, non parlo bene l'italiano. Che non va ?* (Oui, oui, je suis pédiatre... je suis français, je ne parle pas bien l'italien. Qu'est-ce qui ne va pas ?)

— *Mio figlio sta così tutto il giorno. Non si muove, dorme, non dice niente !* (Mon fils reste toute la journée comme ça. Il ne bouge pas, ne dort pas, il ne dit rien !)

Le docteur s'approche du petit garçon et commence à l'ausculter en tapotant sur son ventre puis en tirant légèrement sur la paupière inférieure pour vérifier la coloration de son œil. Il pose ensuite sa tête sur sa poitrine en réclamant le silence pour percevoir les battements de son cœur.

Rien à signaler. L'enfant semble en parfaite santé. Aurélien est perplexe. Avec son air d'étudiant sérieux, il se gratte la tête.

— *Per favore, dottore, dimmi cosa c'è che non va con il mio figlio ?* implore la mère. (S'il vous plaît, docteur, dites-moi ce qui ne va pas avec mon fils ?)

— Ne vous inquiétez pas. Euh, comment on dit en italien déjà ? *Non... Non preoccuparti. Tutto bene, tutto bene. Ho bisogno di tempo*, vous comprenez, j'ai besoin de temps, besoin de réfléchir. *Tornero, a presto* (Je reviendrai, à bientôt).

En sortant, le garde interroge Aurélien.

— Alors ? C'est quoi sa maladie ? Où est-ce qu'il a mal ? On doit soigner les enfants dans le camp et notre docteur est parti, on n'a plus de docteur ici. Il faut guérir tous ces enfants.

— Tous ces enfants ? Mais... Il y en a beaucoup comme ça ?

— Oui, au moins une vingtaine. Tous malades. Ils ne parlent plus, ne sortent presque plus.

Aurélien comprend. Il pourrait s'agir d'une maladie encore difficile à soigner et qui touche en particulier les enfants de réfugiés. Il avait déjà observé ce phénomène avec les petits migrants africains. Le « syndrome des enfants endormis » ou « syndrome de résignation » se manifeste par un état d'apathie généralisé. Le malade continue de se nourrir, de respirer mais reste de longues heures allongé, sans rien faire. Cette pathologie peut aller jusqu'à une rupture totale avec le monde extérieur.

Les enfants restent dans cet état pendant plusieurs mois, voire plusieurs années. Stupeur, immobilité et état léthargique sont les symptômes les plus courants. Considérée au début comme un caprice, la maladie à caractère psychique n'a pas été appréhendée à sa juste mesure, d'autant que les différents examens, dont des électroencéphalogrammes poussés, montraient que les enfants réagissaient tout à fait normalement aux stimuli.

— C'est tout ? C'est ça, la maladie ? s'étonne le garde.

— Ça peut être très grave. Ce sont de lourds traumatismes. Les gosses sont dans le désespoir…

— OK, docteur, mais c'est pas un asile ici alors comment ça se soigne ? Trouve des traitements ou des médicaments !

Aurélien ne sait pas quoi répondre. Il se souvient vaguement d'une piste concernant des hormones et des neurotransmetteurs mais tout cela dépasse largement son champ de compétences.

— Docteur ?! C'est ton jour de chance, je crois. Tu vas nous aider. Il faut soigner ces enfants. Beaucoup de familles vont être expulsées et il faut les renvoyer chez eux en pleine forme. Et si tu fais du bon travail, tu auras tes papiers avec ta famille et peut-être… peut-être même une maison dans la ville à côté du camp ! C'est vraiment ton jour de chance ! Tu as la *baraka* ! Ouais, la *baraka* !

Aurélien n'en croit pas ses oreilles. Des papiers, un travail, une maison. Il est prêt à tout pour ne pas retourner dans l'enfer des bombardements en France.

— Je vais les soigner ! Je vais tous les soigner ! s'exclame-t-il, le regard illuminé.

Aurélien fonce dans le labyrinthe des containers en cherchant le bloc 232 pour annoncer la grande nouvelle à sa femme.

— Louise, Louise, c'est incroyable ! Tu ne vas pas le croire. La chance revient ! On va me prendre comme docteur dans le camp, pour soigner des enfants et on aura nos papiers pour s'installer en ville ! Oh, Louise, tu entends ce que je te dis ? Louise ? Nos papiers ! Une nouvelle vie !

La jeune femme, assise sur le bord du lit, la main posée sur le front du petit Mattéo, garde le silence.

— Mais qu'est-ce qui se passe ici ? s'étonne son mari.

— Notre fils ne bouge plus, ne parle plus depuis plusieurs heures. Voilà ce qui se passe, Aurélien. Il regarde dans le vide. Il est comme en état de choc, répond Louise, le visage sombre et les yeux humides.

Aurélien a l'impression qu'une bombe vient de lui exploser en pleine face. Il se sent frappé dans sa chair. Une scène de guerre habite son esprit. Son petit Mattéo est lui aussi victime du même mal que les autres petits du camp. Cette fois, Aurélien n'a plus le choix. Il doit réaliser un miracle. Soigner tous ces enfants pour sauver son fils.

20

Devant les grilles du camp, des centaines de personnes hurlent des slogans hostiles aux migrants. Sympathisants du parti national-populiste « Djalmanie d'abord », ils exigent la fermeture du centre et le renvoi immédiat de toutes les familles en Europe. Majoritairement issus des classes populaires qui se perçoivent comme des laissés-pour-compte, les manifestants protestent contre la politique du président Abassi, jugée trop laxiste sur l'immigration. « Migrants = délinquants » ou encore « Non au grand remplacement ! » peut-on lire sur leurs banderoles. Interrogée sur les ondes d'une radio locale, une jeune femme, se définissant comme djalmanienne de souche, vomit sa haine.

— Pas un migrant ne devrait entrer sur notre sol ! C'est la plus grande des menaces pour la Djalmanie. Qu'ils aillent où ils veulent mais pas chez nous. Le monde blanc est un monde perverti et décadent !

Redoutant la disparition de la Djalmanie, les anti-immigrés se regroupent une fois par semaine devant le camp pour maintenir la pression sur les autorités publiques.

Après plusieurs heures de face-à-face tendu avec les gardiens du camp, ils finissent par abandonner leur rassemblement du jour.

Dans le container 232, le silence domine. Recroquevillé, Mattéo ne réagit plus à la voix de sa mère qui le supplie de se lever. Les cheveux collés par la sueur dévorent le visage de son fils dont le regard immobile s'échappe à travers la lucarne. Son corps, quasi inanimé, ne montre aucun signe de vie et d'énergie. Il semble perdu dans un monde parallèle. Mathieu, son frère, se console en regardant les photos de famille qu'il a accrochées au mur, toutes prises lors des fêtes d'anniversaire de ses copains. Mathieu est devenu un spectateur de sa courte vie, lointaine, très lointaine.

Trahissant son inquiétude, Aurélien tourne en rond dans le container.

— Je n'en peux plus ! Je vais exploser ! Je vais exploser, lâche-t-il dans un accès de rage, les lèvres tremblantes.

— Chut ! Chut ! Il ne faut pas ajouter à son angoisse. Va faire un tour. Sors. Je suis là. Je suis à côté de lui, le rassure-t-elle en caressant le visage fiévreux de son enfant.

Dix-neuf heures trente, la plupart des réfugiés ont rejoint leurs containers. Personne ne prend le risque de dépasser l'horaire du couvre-feu. Aurélien marche seul au rythme du chant des cigales sous un ciel vierge de nuages. Sur ses épaules, le poids de sa vie. Comment peut-il soigner son fils ? Quel remède lui offrir ? Existe-t-il ? Le pas lourd, sans porter attention à l'ombre qui lui fait face, Aurélien avance, perdu dans son désespoir.

— من هناك؟ من هناك؟ ممنوع ! (Qui va là ? Qui va là ? C'est interdit !), hurle un garde à l'allure athlétique en pointant son arme sur lui.

— Pardon, je vous en prie, je vais rentrer ! Je vais rentrer !

— Ah mais c'est le docteur, qu'est-ce que tu fais dehors, docteur ? C'est le couvre-feu. Faut pas traîner, dit l'homme en abaissant son fusil et en jetant un coup d'œil au cadran de sa montre.

Aurélien reconnaît le garde.

— Je m'excuse mais j'avais besoin de réfléchir. Et je ne peux pas réfléchir si je ne marche pas. Le container est si petit...

— T'es un drôle de docteur, toi, tu réfléchis à quoi ? interroge l'homme sur un ton plus détendu.

— Je dois trouver comment soigner ces gosses atteints du syndrome de résignation. Mon fils vient lui aussi d'entrer en léthargie. Il n'y a rien ici ! Je suis impuissant. J'ai besoin... j'ai besoin d'un miracle.

— Un miracle ? Tu crois en Dieu, docteur ?

Aurélien se racle la gorge. Il hésite à répondre.

— Alors, docteur, t'es croyant ou pas ? Réponds !

— Je ne sais pas, je... je... je ne sais plus. Je ne sais plus rien ! Je ne sais même plus qui je suis vraiment ici.

— C'est ça votre problème à vous, les Occidentaux. Vous ne savez plus où vous en êtes. Vous ne croyez plus en rien, vous ne croyez même plus en vous.

— Je...

— Sais-tu pourquoi l'islam est plus fort, docteur ? Parce qu'on sait exactement ce en quoi on croit, nous. L'islam, c'est un miroir, le miroir de tout ce que vous avez abandonné.

La modernité vous a apporté plein de choses, les techniques, les robots, tout ça, mais elle vous a enlevé l'essentiel, docteur... vous n'avez plus foi en rien. Vous n'avez plus foi en l'humanité. Tu vois, docteur, j'ai pas fait des études comme toi, mais je sais beaucoup de choses. Quand vous avez fait venir les musulmans en Europe, vous avez cru qu'ils allaient tous devenir des ouvriers dociles et qu'ils allaient abandonner leur religion et leur culture. Mais qu'est-ce que vous leur avez offert en échange, docteur ? Vous n'avez même plus de valeurs ! La famille, c'est fini. Votre civilisation, elle est en ruine. Et les responsables de tout ça, c'est pas les musulmans ! Non, non, pas du tout. Faut arrêter avec ça. Le problème, c'est pas l'islam, comme le répètent les racistes de chez vous. Tout ça, c'est pas vrai. Les responsables, c'est vous !

« Alors maintenant que vous avez une guerre en Europe, vous venez chez nous ! C'est pratique. Mais le problème, docteur, c'est que nous, on veut pas de gens qui ne croient plus en rien, qui vont détruire nos familles et toutes nos valeurs ! Votre seule religion, c'est la possession, des maisons, des voitures, des comptes en banque, des beaux vêtements... Mais, docteur, personne n'est enterré avec ce qu'il possède. Quand la vie se termine, on part en terre pour devenir poussière. Personne n'emporte rien au paradis ou en enfer. Chacun y va avec ce qu'il a accompli dans la vie et doit répondre devant Dieu. On vous a fait croire à une existence meilleure alors qu'elle est le pire du néant. Vous croyez être la civilisation des Lumières mais vous êtes celle des ténèbres. Vous pensez que les barbares, c'est nous, mais les vrais barbares, c'est vous. Vous dites Liberté, Égalité et je sais pas quoi, mais tout ça, c'est du vent. C'est vide, creux. Vous avez trahi votre patrie, vous avez trahi votre Dieu. Vous êtes des lâches incapables de défendre votre terre. Votre civilisation est morte. Et vous avec.

— Pourquoi vous me dites tout ça ?

— Les images que je t'ai montrées de millions et de millions de fidèles qui prient à La Mecque, ça, c'est la vraie civilisation ! Eux savent en quoi ils croient. Ils savent que l'islam domine le monde. C'est mécanique, docteur. Par le nombre. Tu savais que le premier Français qui a fait le pèlerinage à La Mecque, Jean Prax, s'était converti à l'islam ? Tu le savais, docteur ? Tu connais ce nom ?

— Non, non, je ne savais pas. Et pourquoi il s'est converti ? interroge, perplexe, Aurélien.

— Ah ! Bonne question ! Tu vois, tu commences à poser les bonnes questions. Je t'aime bien finalement, docteur. Tu veux savoir pourquoi ce Français s'est converti ? C'est une belle histoire, je vais te la raconter. Viens, on va s'asseoir.

21

Aurélien entrevoit le bout du tunnel. Et si la terre djalmanienne lui était finalement destinée ? Dans les ténèbres de l'exil, ce garde devient sa lanterne. Les deux hommes s'installent sur un petit bloc de pierre au pied de la tour de contrôle du camp.

— محمود، شاي، بسرعة ! (Mahmoud, du thé, vite !), lance le garde en direction de la petite pièce qui fait office de centre opérationnel de sécurité.

Aussitôt, un homme accourt, un plateau à la main. Avec minutie, il dispose une théière bariolée et deux minuscules verres. Le garde le congédie puis verse lentement le liquide rougeâtre. Une mousse dentelée se forme.

— Avant de boire, tu dois dire بسم الله (*bismillah*). C'est très important !

— *Bismillah*, s'exécute Aurélien en plongeant ses lèvres dans le liquide fumant avant d'esquisser une grimace qui fait rire le garde aux éclats.

— Ha, ha, ha, ha ! Qu'est-ce qu'il y a, docteur ? Trop chaud ?

— C'est... c'est un peu amer, répond Aurélien, sur ses gardes, de peur de blesser l'homme.

— C'est même très amer, docteur ! Tu peux le dire sans crainte. C'est amer comme la vie ! Mais tu verras, tu finiras par le trouver aussi doux que l'amour.

— Je... je peux vous demander votre nom ?

— Je m'appelle Farah.

— Et moi, c'est...

Le garde l'interrompt.

— Pas besoin, tu es le docteur, c'est tout. Je n'ai pas besoin que tu me dises ton nom. Je sais tout sur toi et ta vie. Mais ici, tu es un numéro, le numéro 232, celui de ton container. Dans le camp, vous n'avez pas de nom, pas d'identité. C'est la règle. Peut-être qu'un jour tu auras un prénom arabe comme le Français qui s'est converti ? Qu'est-ce que tu en penses ? Hein ? Ça te plairait ? Tu sais qu'il a vu la Kaaba en rêve ? Il a vu la ronde des anges autour de la maison de Dieu. *Y a Allah !* Il a vu une Kaaba cosmique à côté de celle qu'on peut voir à la télévision. Pour nous, la Kaaba, c'est le nombril du monde. Elle émet des rayons d'énergie d'une rare intensité. Il y a des choses que les médias ne veulent pas dire. Les astronautes, eux, ils connaissent la vérité. Ils sont les seuls à la connaître.

— Quelle vérité ?

— Tu n'es pas au courant toi qui viens de France, toi qui viens d'Occident ?

— Non... non... je ne sais pas du tout. De quoi il s'agit ?

— Tu connais Neil Armstrong ?

— Oui, bien sûr, c'est le premier homme qui a posé le pied sur la Lune !

— Exactement ! Sais-tu que les services secrets américains avaient caché sa véritable religion ?

— Ah bon ? Pourquoi ?

— Parce que c'était un muslim ! Eh oui, docteur, le premier homme qui a posé le pied sur la Lune était musulman. Incroyable, non ? Lorsqu'il était là-haut, il a entendu une prière dans une langue qu'il ne connaissait pas. Une fois sur Terre, quand il a compris que c'était de l'arabe, il s'est converti à l'islam.

— C'est une fake news, c'est du complotisme ça, c'est impossible, dit Aurélien en souriant.

— Quoi ? Tu souris ? Tu crois que je dis des conneries, c'est ça ? Je te parle d'islam et de vérité et toi, tu te moques, s'énerve Farah.

— Non, non, pas du tout. Ce n'est pas ce que j'ai voulu dire. Mais… mais… euh… il y a une preuve de tout… ça ?

— Une preuve ? Toujours des preuves avec vous les Occidentaux. Tu crois que Dieu va venir te voir pour t'apporter la preuve qu'Il existe ? Pauvres de vous les Occidentaux, vous croyez en rien ! Et toi aussi, docteur, tu vois, tu me déçois. Oui, tu me déçois beaucoup.

Aurélien comprend qu'il risque gros en contrariant son interlocuteur et change aussitôt de ton.

— Mais d'où est venue la prière qu'il a entendue sur la Lune ?

— Ah ! Je préfère quand tu es comme ça ! La prière a duré une heure ! Et tout a été enregistré et transmis au centre de contrôle à Houston. Mais la bande-son a été saisie par la CIA. Tu penses bien, docteur, que les Américains ne voulaient surtout pas qu'on sache que le monde était dirigé par l'islam. Et que l'homme qui a marché sur la Lune s'était converti à l'islam. Mais il n'y a pas que ça, il y a aussi des photos...

— Des photos ?! Des photos... de quoi ? De qui ?

— Les trois astronautes ont fait des photos de la Terre ! Ils ont tous observé qu'il y avait un énorme faisceau de lumière qui venait d'un endroit précis. Comme une sorte de radiation. Alors ils ont zoomé, zoomé, et encore zoomé au maximum...

— Et alors ?

— Ils ont zoomé jusqu'à découvrir que ce grand rayon venait de La Mecque et précisément, de la Kaaba ! Cette radiation, c'est la connexion entre la Kaaba terrestre et la Kaaba cosmique.

— Et ces photos... elles sont où, ces photos ? Au centre de contrôle à Houston ?

— À ton avis, docteur ? Tu es vraiment naïf ! Elles ont été détruites ! Volées puis détruites, évidemment ! Tu sais, il faut que tu comprennes quelque chose de très important. Les Américains ne veulent pas que le monde entier découvre que l'islam est la religion la plus puissante. Ces photos étaient la preuve que la Kaaba se trouve exactement au centre de la Terre. C'est le premier point pour accueillir les rayons du soleil. C'est un centre d'attraction et de confluence des rayons cosmiques. Et tu sais quelle est la conséquence ? Eh bien, ni les oiseaux ni les avions ne peuvent la survoler au risque d'être attirés par elle et donc de s'écraser. Tu remarqueras un jour que tous les oiseaux volent toujours autour de la Kaaba et ne passent jamais au-dessus.

— C'est fascinant... fascinant.

— Et c'est pas tout. La Kaaba, c'est la lumière de la Terre. La lumière qu'elle projette traverse l'espace et arrive directement... chez Allah le Tout-Puissant. Voilà pourquoi les États-Unis ont tout détruit. Mais un jour, la vérité éclatera et l'islam submergera tout. Il ne faut pas que ta famille s'inquiète, on sait être tolérant. Est-ce que tu sais que Jésus est un prophète important pour nous, musulmans ?

— C'est-à-dire ?

— Le Coran parle beaucoup de Jésus sous le nom de *Issa* ou *Aïssa*. Pour nous, l'ange Gabriel qui annonce à Marie qu'elle portera l'Enfant Jésus est aussi l'esprit de Dieu, *ruh*.

— Je... Je ne suis pas très porté sur la religion, sur toutes les religions, s'excuse Aurélien.

— Faut que ça change, docteur. Faut vraiment que ça change. Sinon impossible pour toi de vivre ici. Les *kouffar*, les mécréants, finissent mal. Et tu ne veux pas mal finir, n'est-ce pas ? menace Farah.

— Non... bien sûr que non, mais...

— Alors plus de mais ! ordonne Farah qui se lève pour mettre fin à leur conversation. Allez, docteur, rentre maintenant. Va réfléchir à tout ça. Tu ne peux pas rester ici en terre djalmanienne, en terre musulmane, sans croire. Ton président, comment il s'appelle déjà celui-là, avec son gros ventre et ses lunettes carrées...

— François Bernard !

— Oui, voilà, Bernard, c'est pas vraiment un chef de guerre. Ça va mal, les positions stratégiques de ton pays sont bombardées jour et nuit par Babotchkine. En Occident, c'est chacun pour soi. Nous, le « Sud global » comme vous nous appelez, on soutient tous la Russie ! On préfère de loin un Babotchkine qui défend les valeurs traditionnelles qui sont aussi les nôtres à votre propagande de débauche en matière de famille, de sexualité et d'identité. Tu comprends de quoi je parle ?! Je parle de solidarité de la famille, de continuité générationnelle ou encore de mémoire historique. On vous laisse les droits de l'homme ! Les droits de l'homme, c'est la mort de votre civilisation. Réfléchis bien à tout ça. Choisis ton chemin maintenant.

22

En rentrant dans son container, Aurélien trouve Louise près de Mathieu et Mattéo, le regard dans le vide. Ses yeux ont perdu leur teinte lumineuse. Elle s'entretient de plus en plus souvent en tête à tête avec l'invisible. Une ombre l'habite. Une ombre qui occupe une place grandissante. Serait-ce Malek ? s'inquiète-t-il. Une vive jalousie l'étreint mais il se retient d'en parler. Ce n'est pas le moment. Et ce ne le sera sans doute jamais tant les problèmes qu'ils rencontrent sont nombreux et bien plus importants qu'une banale querelle amoureuse. Mattéo est toujours dans le même état végétatif. Aurélien n'a aucune idée du remède pour le guérir. Exténué, il s'allonge pour essayer de s'endormir. Un bruit de pas sur des feuilles sèches le fait sursauter. Les pas se rapprochent. Il bondit pour s'emparer d'un bâton qu'il a soigneusement caché sous ses vêtements. Derrière la porte, les deux poings serrés autour du bois, il attend sa proie. « Je vais te défoncer, je vais te défoncer », répète-t-il pour se donner du courage.

Quelqu'un tente à présent de forcer la porte. Le cliquetis de la serrure fait perler quelques gouttes de sueur sur le front d'Aurélien.

— C'est moi, c'est Albert ! Ouvrez !

— Albert ? Albert Zaoui ? lâche, soulagé, Aurélien en laissant tomber son arme de fortune.

— Oui, c'est moi, dit Albert en poussant la porte.

— J'ai failli te frapper, Albert ! Quelle trouille ! Vite, vite, viens, qu'est-ce que tu fais là ?

— On est dans le container 245 au bout de l'allée. J'ai profité de la pause cigarette d'un garde pour m'éclipser. Ça va ? Ça va, Louise ? Et les enfants ?

— C'est très dur. Mattéo est en état de choc. Il ne mange presque rien. Il maigrit à vue d'œil. On ne peut pas rester ici ! répond Louise.

— Oui, je sais… je sais… Justement, je suis venu pour en parler avec vous. Julie est très mal aussi. C'est clair, on ne peut pas rester ici. On nous a dit que c'était provisoire, le temps que le gouvernement djalmanien étudie notre dossier mais je crois que c'est un provisoire qui risque de durer…

— Qu'est-ce qui te fait dire ça, Albert ? demande Aurélien, intrigué.

— J'ai discuté avec deux familles françaises qui attendent depuis… quatre mois.

— Quoi ? Quatre mois ? Je refuse de rester quatre mois ici. Mattéo ne tiendra pas, panique Louise.

— On va trouver une solution, Louise, dit Albert en faisant signe à la jeune mère de baisser la voix.

— Une solution ? Mais quelle solution ? renchérit-elle encore plus fort.

— Moins de bruit ! Ils vont nous entendre. Le gouvernement est en train de débouter tous les demandeurs d'asile. Ils ont un quota à ne pas dépasser. Nos dossiers seront refusés et on va se retrouver à moisir ici avant d'être expulsés, déclare, inquiet, Albert.

— Il y a un moyen de s'en sortir, annonce Aurélien. Je me suis rapproché d'un garde haut placé, un certain Farah, c'est lui qui veille et donne les ordres aux autres. Il compte sur moi pour soigner les enfants du camp et m'a laissé entendre que je pourrais avoir des papiers si tout se passe comme il veut. Je suis une aubaine pour eux. Le tiers des réfugiés ont des troubles psychologiques qui nécessitent des soins.

— Mais ça veut dire quoi « si tout se passe comme il veut » ? l'interrompt Louise d'une voix glacée.

— Ben… je suppose que je les aide dans le camp. C'est ce que je vais faire. Il me faudra quelqu'un. Albert, je vais leur dire que tu es mon assistant. Va falloir manœuvrer avec tact.

— Mais qu'est-ce qu'il te demande en échange, ce gardien ? Juste de soigner ? s'enquiert Albert.

— On verra, on verra. Ce n'est pas le moment pour ces questions, assène Aurélien.

— On a quand même le droit de savoir ! C'est quoi, le deal ? insiste Louise.

— Bon, écoutez, ça commence vraiment à bien faire ! Je m'en fous, je m'en fous complètement de ce qu'il me demandera, je veux sortir d'ici. Je veux sauver mon fils et ma famille ! Vous croyez qu'on a le choix ?! Alors peu importe ce qu'il y a en échange, et même s'il faut... s'il faut...

Il y a des mots qui restent coincés dans la gorge comme des lettres écrites mais jamais envoyées à leur destinataire.

— S'il faut... ? renchérit la jeune femme.

— Je ne vais pas m'énerver, je ne vais pas m'énerver, marmonne Aurélien avant de poursuivre son explication avec une voix plus autoritaire : On n'a pas le choix. Alors t'es d'accord ou pas ? On avance ensemble ? Si tu es d'accord, on va aller parler au garde et on va se rapprocher de lui, dit-il en regardant Albert.

Les deux hommes s'entendent pour laisser passer quelques jours afin de ne pas susciter la méfiance de Farah. Le garde représente leur porte de sortie du camp. Aurélien est persuadé que son geôlier sera son libérateur quel que soit le prix à payer. Un orage s'annonce. Dans les yeux de Louise, un ciel impassible. Elle devine que la contrepartie sera un obstacle à leur liberté.

Dans le huis clos du container, les deux époux n'échangent plus aucun mot. Le grondement du tonnerre déchire le silence. Louise caresse le front de Mattéo. Elle s'abandonne tout entière dans ce geste maternel. Dans un demi-sommeil, elle entend la voix de son père. Chaque mot se détache. Il parle beaucoup. L'encre de ses paroles pourrait noircir un livre entier. Il est inquiet pour elle. Quelque chose va arriver. Il y a dans l'air de Djalmanie une acidité. Un parfum funeste.

Sur le front de la guerre, le tableau s'assombrit de jour en jour. Dans plusieurs capitales européennes, les combats font rage. La Russie, galvanisée par des livraisons d'armes massives en provenance d'Iran et de Turquie, poursuit intensivement son offensive en France. La situation est tout aussi alarmante du côté diplomatique où des alignements inquiétants menacent l'existence même de l'Occident. Un large ensemble d'États se dresse comme un rempart contre ce qu'ils appellent le chaos impérialiste. Les BRICS s'érigent en contre-pouvoir face aux diktats occidentaux. Réuni sous l'appellation de Sud global, ce chapelet de pays promet l'apocalypse au Vieux Continent. Toutes les cartes du monde sont redistribuées. Dans ce jeu de dupes, le président François Bernard fait office de nain. Depuis longtemps déjà, la France est sortie de l'Histoire. De Rio à Toronto, de Tunis à Dakar, de Shanghai à Bombay, la voix de l'Hexagone est inaudible quand elle est n'est pas moquée. Le navire craque et prend l'eau de toutes parts. L'optimisme béat des dirigeants et le rêve d'une société apaisée des élites ont fini de précipiter le pays dans l'abîme. Tous ces tenants d'une idéologie ultralibérale ont consciemment participé à couler le bateau. Louise a toujours tenu en horreur ces « économicistes » consanguins qui n'ont cessé de chanter les louanges du libre marché et des joies de la société multiculturaliste sans jamais prêter attention aux fractures françaises et au malaise national. Cet effondrement est responsable d'une guerre civile qui fait rage aujourd'hui sous les bombardements russes. Entre la France qui a chanté *La Marseillaise* sur les ronds-points et celle qui a crié *Allah Akhbar* place de la République, l'affrontement est aussi violent qu'une troisième guerre mondiale.

Chaque jour, des dizaines de familles arrivent au camp. Toutes suent la tristesse. Louise a pris l'habitude de s'asseoir sur un petit banc défraîchi pour regarder le défilé des visages. Les réfugiés portent leur mémoire en morceaux comme un lourd secret.

Sous leurs bras, les sacs endommagés dans lesquels sont entassées leurs affaires témoignent du long chemin parcouru. Tels des torrents de larmes, les nouveaux arrivants se déversent dans des containers toujours plus nombreux, en attendant la décision du gouvernement djalmanien de leur accorder ou non l'asile en terre d'islam. Qu'ont-ils laissé derrière eux ? Leurs maisons ? Leurs animaux de compagnie ? Et peut-être aussi la cabane au fond du jardin, le refuge de leurs enfants ? songe la jeune femme. Sont-ils partis sans se retourner comme on quitte un amour déçu ou bien ont-ils hurlé de douleur au moment de lâcher la main de leur ancienne existence ? À chacun sa façon de vivre l'exil. Pour Louise, chaque jour qui passe est un jour de trop. Parfois, elle se met à rêver d'une grande évasion rocambolesque avec hélicoptère et course-poursuite. Elle n'aurait alors qu'à escalader l'immense mur de pierres et de barbelés pour rejoindre son passé. Mais les gardes scrutent chaque geste. Ils ont l'œil aux aguets et le cœur aux abonnés absents. Elle se demande comment Aurélien et Albert vont bien pouvoir amadouer leur chef, Farah. Si un garde prend en grippe un migrant, il peut, sans avoir besoin de mentionner un motif valable, l'enfermer durant plusieurs jours dans le terrible container 350, une cellule d'isolement, minuscule espace de neuf mètres carrés, avec des rats aussi gros que des chats. Beaucoup de surveillants prennent un malin plaisir à y jeter préventivement des profils dits à risque dans le but de les mater. Aucun réfugié n'imaginait trouver pareilles conditions à Ras Abyad. Malek est-il dans une prison semblable au « 350 » ? s'inquiète-t-elle. Louise pense à lui tous les jours. Elle n'aurait jamais imaginé qu'il tiendrait une place aussi importante dans sa vie.

Où est-il aujourd'hui ? se désespère-t-elle. Perdue dans ses songes, la jeune femme est interpellée par une scène qui se déroule sous ses yeux. Elle se penche en avant pour mieux voir. Deux gardes traînent un réfugié par les pieds. Inconscient ? Mort ? Le voile de poussière qui se lève dans leur sillage l'empêche de distinguer le visage torturé du prisonnier. La scène, devenue quotidienne, ne la perturbe pas plus que d'habitude.

Louise replonge aussitôt dans ses réflexions quand, pensant entendre son prénom, elle se redresse brusquement.

— Louise ! Louise ! s'époumone l'homme malmené par les gardes qui lui portent des coups de pied secs dans les côtes. Lou... Louise, crie-t-il encore en avalant quantité de terre.

— Mais... mais... c'est... Malek ?! Malek ! Malek ! Malek, c'est toi, Malek ?! hurle Louise en fonçant vers lui.

— توقف ! توقف ! (Arrête-toi ! Arrête-toi !), crie l'un des gardes en posant la main sur l'étui de son arme.

— Je le connais ! Je le connais ! Laissez-le. C'est un humanitaire, il est humanitaire du Croissant-Rouge ! Ne lui faites pas de mal ! Laissez-le, implore la jeune femme en accourant.

— إذا لم تتوقف، فسوف تقع في مشكلة كبيرة (Si tu ne t'arrêtes pas, tu vas avoir de gros problèmes !)

Sans hésiter, le garde pointe son arme sur Louise et s'apprête à faire feu. Le visage recouvert d'une boue noire et le corps abîmé par de multiples éraflures, Malek se soulève et dans un ultime effort, dévie d'un coup de tête le pistolet, avant de s'effondrer. Louise aperçoit le chapelet de son père danser au cou du supplicié. Cette vision est la plus belle déclaration d'amour qu'on lui ait faite. Mais elle n'aura pas le temps de la savourer. Une balle fuse et vient se loger dans la tête du garde resté en retrait quelques mètres en arrière. Un jet de sang rouge vif gicle sur le visage de Louise. L'air hagard, elle tente de l'essuyer.

23

La scène se fige et l'hébétude gagne tous les protagonistes qui cherchent à comprendre ce qui s'est passé. La vérité sent la mort. La balle a fait exploser le crâne du garde. Son collègue lâche un long râle haletant. Tout vient de basculer. Des centaines de pensées déferlent dans l'esprit de Louise. Que faire ? Fuir à toute vitesse ? Se saisir de l'arme ? Tuer l'autre garde ? Comment sauver Malek, incapable d'escalader le grillage qui les sépare de la liberté ?

Même lorsque l'on croit que tout est fini, il est encore possible de choisir. Si Louise veut fuir, il lui faut immédiatement récupérer l'arme. En est-elle capable ? Une mauvaise décision pourrait lui coûter la vie. Son esprit se bloque. L'angoisse se déverse dans ses veines. La jeune femme hésite à franchir le bord du précipice. Elle esquisse un léger mouvement vers le pistolet du garde quand un coup porté à l'arrière de son crâne l'assomme.

Plusieurs heures passent. Aurélien erre comme un zombie entre les containers.

— Mais où est ma femme ? Où est ma femme ? Où l'avez-vous envoyée ? Je la cherche depuis ce matin ! Où est-elle ? Où ? Répondez-moi, à la fin ! crie-t-il d'une voix terrifiée.

— Tais-toi ! Ça suffit ! ordonne Farah, le directeur du camp, en pointant un doigt menaçant vers le mari de Louise.

— Dites-moi où elle est... je... je vous en prie, pour l'amour de Dieu... pour l'amour de Dieu, d'Allah, de qui vous voulez, mais dites-moi où est ma femme, depuis ce matin, je ne sais pas où elle est, dites-le-moi, je vous en prie, supplie-t-il.

— Ah maintenant tu crois en Dieu, toi ! Mécréant, va ! Tu n'évoques Dieu que quand ça t'arrange ! Eh bien, je vais te dire où est ta femme ! Elle est interrogée par la Brigade de répression des migrants. Elle est soupçonnée de terrorisme, ta femme ! assène Farah.

— De... de... de quoi ?

— Oui, de terrorisme. Ne fais pas l'innocent. Tout le monde est au courant de ce qui s'est passé ce matin. Un de mes hommes est mort ! Vous allez le payer ! Je vous jure sur la tête de mes enfants que vous allez le payer !

— Mais le terroriste, c'est le type du Croissant-Rouge, c'est ce Malek de malheur, c'est lui le terroriste ! C'est lui qui a tué le garde. Ma femme n'a rien à voir avec ça ! Et vous le savez très bien...

— Je ne sais rien du tout. Tout ce que je sais, c'est que ta femme était présente quand on a tiré sur Mahmoud, « *Allah yarhmou* » (« Qu'Allah lui fasse miséricorde »).

— Mais elle était loin ! Vous le savez bien. Ce n'est pas ma femme qui a dévié l'arme ! Je vous dis que c'est lui le terroriste. Cet homme est dangereux ! Très dangereux !!

— Si c'est lui le terroriste et que tu sais des choses, alors il faut que tu parles. C'est la seule solution pour sauver ta femme. La seule. Tu comprends ce que je te dis ? menace Farah en foudroyant Aurélien du regard.

— Je... je crois que oui, balbutie-t-il.

— Quoi ? Je n'entends rien !

— Je crois que oui, répète Aurélien d'une voix plus affirmée.

— C'est l'heure du choix, docteur. Ou ta femme va en prison pour trente ans et tu imagines ce qui va lui arriver quand les surveillants vont savoir qu'elle a tué un garde... Ou tu dis ce que tu sais pour que ce *oueld el hram* (« l'enfant du péché ») du Croissant-Rouge paie pour ce qu'il fait subir à notre gouvernement et à notre belle Djalmanie. Il est coupable du grand remplacement qui est à l'œuvre chez nous. C'est un sale traître. Tu dois tout nous dire. Tu es l'homme de la situation. Dans ton malheur, tu as finalement de la chance, de la *baraka*. J'attends ta version pour demain matin. Dans le Coran, il est dit : « Celui qui s'en remet à Dieu, Dieu lui suffit. » L'heure du choix a sonné, docteur.

Tandis que Farah s'éloigne, Aurélien est tétanisé. La dernière phrase de Farah sonne comme un cri de mort à ses oreilles.

Mais quel choix y a-t-il entre condamner sa femme à croupir dans une geôle djalmanienne et faire condamner à mort un innocent ?

Un tremblement le traverse. Il n'est plus maître de rien. Son angoisse enfle comme une vague. Ses mains porteront à jamais des traces de sang. Toute son existence, en tant que médecin, il a tenté de sauver des vies. Lui qui a tant raillé les croyants aimerait en appeler au Tout-Puissant pour voir un signe, un seul, lui indiquant le chemin à prendre. Mais Dieu a-t-Il la réponse ? Pour la première fois, Aurélien ressent le besoin de se raccrocher à ce qui le dépasse. En poussant la porte de son container, il sait que Dieu va l'aider. Les noms des prophètes défilent devant ses yeux. Il se sent comme une terre nue sur laquelle s'abat une pluie de prières coraniques. À l'intérieur, ses deux garçons dorment. Épuisé, Aurélien s'apprête à s'allonger quand il aperçoit, posé sur l'oreiller, un livre de couleur vert foncé dont le titre est écrit en lettres d'or : *Le Saint Coran traduit en français*. Il comprend que l'un des gardes, sur ordre de Farah, l'a déposé durant son absence. En le feuilletant, il note qu'une page a été cornée. Sur cette page, un Post-it jaune indique une ligne en particulier : « Les croyants ayant la foi la plus accomplie sont ceux qui ont le meilleur comportement, et les meilleurs d'entre vous sont ceux qui sont les meilleurs envers leurs femmes. » Le message envoyé par Farah est clair. Un bon croyant sauve sa femme et dénonce le traître. Le choix est fait.

Il lui est intolérable de la savoir enfermée. Il lui est insupportable de ne pas entendre son rire clair. Il lui est inacceptable de l'imaginer loin de leurs enfants.

Il est près de vingt-deux heures quand Aurélien décide de se confier à Albert. Malgré le couvre-feu et une surveillance renforcée depuis la mort du garde le matin, il réussit à se faufiler jusqu'au container 245. Et toque doucement à la porte.

— Qui c'est ? interroge Albert d'une voix inquiète.

— C'est moi, ouvre vite, c'est Aurélien.

— Mais tu es fou ? Qu'est-ce que tu fais là ? On va avoir des problèmes à cause de toi, dit Albert en lui ouvrant la porte.

— J'ai la solution pour sortir d'ici.

En faisant entrer Aurélien, Albert lance un regard angoissé vers l'extérieur avant de fermer la porte.

— Il n'y a aucune solution pour sortir d'ici. On a appris ce qui s'est passé ce matin avec Louise et Malek. C'est fini. Tout est fini, intervient Rachel.

Allongée aux côtés de sa fille Julie, elle parle si péniblement que le crépuscule de sa vie semble lui avoir donné rendez-vous.

— Mais qu'est-ce que tu racontes avec cette voix d'outre-tombe ? Rien n'est fini ! Tu crois que je vais laisser ma Louise en prison ? s'emporte Aurélien.

— On ne peut rien faire pour toi, rien faire pour vous, Rachel a raison, tout est fini, renchérit Albert.

— Tout est fini ? Donc tu veux rester ici avec ta femme et ta fille ? Tu veux vivre pendant des mois, des années, dans ce camp ?

— Et qu'est-ce que tu proposes, hein ? Tout le monde dit que Louise va être condamnée pour terrorisme ! Tu veux qu'on aille tous en prison avec elle ? C'est ça ton putain de plan ? s'énerve-t-il d'une voix grave, le visage fermé.

— J'ai parlé au directeur du camp. J'ai parlé à Farah.

— Je ne te comprends pas, Aurélien. Il faut être fou pour espérer conclure un marché avec lui alors que ta femme vient de tuer un de ses hommes.

— Arrêtez de dire des conneries ! Louise n'a tué personne, vous m'entendez ? Personne ! Au contraire, c'est justement le bon moment pour conclure un marché et c'est exactement ce que Farah m'a proposé. Pour lui, je suis l'homme de la situation !

— Tu ne te rends pas compte, mon pauvre ami, de ce qui nous attend. Et tu crois pouvoir les convaincre de nous libérer ? Tu as perdu la tête ! lance Albert.

— Ça suffit ! Ça suffit, je n'en peux plus, moi ! s'écrie soudainement Julie.

Son cri aigu les fait tous tressaillir. L'adolescente se redresse sur son lit et poursuit sur le même ton.

— Je veux sortir ! Je ne resterai pas un jour de plus dans ce foutu camp ! C'est quoi ma vie ici ? Hein ? C'est quoi ? Je veux vivre comme tout le monde !

— Votre fille est plus raisonnable que vous... Je vous demande de m'écouter quelques minutes, puis vous déciderez.

Rachel et Albert laissent Aurélien exposer son plan. Autour de la faible flamme d'une lampe de chevet, le mari de Louise détaille les contours de l'accord avec Farah.

— Mais... mais tu veux qu'on accuse Malek de choses fausses et... et très graves ? murmure Albert.

— Je veux qu'on s'en sorte. C'est tout. Ce n'est pas Louise qui a fait dévier l'arme. Ce n'est pas Louise qui est la cible du gouvernement djalmanien.

— D'accord... mais, Aurélien, tu te rends compte de ce que tu me demandes ? Un faux témoignage pour conduire un homme à l'échafaud ?

— Arrête, Albert ! Je te demande simplement de confirmer ma version pour qu'on sorte tous d'ici et que nos enfants puissent reprendre une vie plus ou moins normale ! Entre Malek et Julie, qui tu préfères ? Hein ? Allez, dis-moi ? Qui ? Qui ?

— Papa ! lance Julie.

— Tais-toi, Julie ! Tais-toi ! Laisse-nous réfléchir. Ce sont des choses très graves, ne t'en mêle pas, ordonne Albert à sa fille.

— Tu dois partir maintenant. On a compris le deal. On va en parler entre nous, assène Rachel en lui indiquant la porte d'un geste de la main.

Aurélien quitte d'un pas nerveux le container des Zaoui. Un long silence s'installe. Les deux époux se regardent, ne sachant par quels mots une telle conversation pourrait débuter. Albert se lance.

— Je n'ai pas confiance en lui.

— Moi non plus.

— Je n'ai pas confiance en lui et en même temps, Rachel, je me dis... Je me dis qu'on ne peut pas rester ici, qu'on ne peut pas empêcher Julie d'avoir une vie comme toutes les adolescentes de son âge, dit le père en regardant tendrement sa fille s'endormir.

— Mais qu'est-ce que tu proposes, Albert ? Tu te rends compte des conséquences ? Ils vont condamner Malek à mort. Et nous ? Tu crois qu'ils vont nous laisser tranquilles ? Ils vont nous considérer comme des complices ! Des complices, s'alarme Rachel.

— Il y a un risque, mais on doit le prendre. Si on reste des mois ici, on va sombrer. On va tous crever. De toute façon, Malek s'est condamné lui-même. Le gouvernement djalmanien ne le lâchera plus. Il est considéré comme un traître.

— Albert !?

— Quoi, Rachel ? Quoi ? Qu'est-ce que tu proposes ? D'attendre que nos demandes d'asile soient rejetées ?

— Je ne te reconnais plus. Tu hais le mensonge !

— Mais tu crois que je vais le faire de gaieté de cœur ? s'emporte-t-il.

— Chut. Chut, Julie s'est endormie... Oh, mon Dieu, j'ai tellement peur. J'ai un mauvais pressentiment, lâche Rachel, blême.

Tout bouillonne en elle. Le choix se résume à Dieu ou au néant.

— Je sais, ma chérie. Je sais... Je pense beaucoup à mes parents en ce moment. Je les vois partout dans le camp. Je réfléchis à notre avenir, à la mort, à la vie de Julie quand on ne sera plus là. Tu sais, toi, ma Rachel, combien ma vie a été difficile. La mort a volé sur moi comme un oiseau de malheur. Mais grâce à toi, aujourd'hui, j'habite le cœur de mes parents. Tu es à la fois ma force et mon abandon. Dans ton regard, des siècles défilent. Tu es ma joie aérienne et dansante. Le plus terrible des choix comme celui que nous avons à faire ce soir ne pourra jamais assombrir mon amour pour toi. Laisse-moi porter le lourd fardeau de cette décision. Je veux te sauver. Je veux nous sauver.

Dans leurs containers respectifs, Albert et Aurélien savent qu'ils jouent gros. Tous deux pensent trouver un peu de réconfort dans les grands textes. Tandis qu'Albert relit en silence une phrase du Talmud, Aurélien parcourt le Saint Coran traduit en français. Les paroles battent des ailes et s'élèvent dans le ciel de Ras Abyad. Elles cognent contre la porte de Dieu. « Le monde se maintient par trois choses : par la vérité, par la justice et par la concorde. Toutes les trois ne sont qu'une seule et même chose », Abot I, 18 Talmud.

« Le bien qui t'arrive provient de Dieu ; le mal qui t'arrive ne peut venir que de toi-même », Saint Coran, sourate 4, verset 79.

24

Louise distingue une ombre à quelques centimètres de son visage. Sa tête lui fait terriblement mal. Elle a beau essayer d'ouvrir grands les yeux, elle n'arrive pas à voir clair.

— Toi et le traître du Croissant-Rouge, vous avez tout préparé ? C'était prévu ? Réponds ! C'était prévu de tuer le garde ? C'était votre plan ?

L'homme se tait un instant puis reprend en éructant :

— Espèce de pute, va ! Réponds-moi !

Sa voix traverse le corps de la jeune femme. Elle ferme les yeux et lorsqu'elle les rouvre, Louise reconnaît le monstre : une tête carrée sur une masse graisseuse. À sa poitrine, le même écusson brodé de fils d'or avec les trois lettres BRM, qu'elle avait vu dans la maison de Badia avant leur arrestation. Elle en est sûre désormais. C'est bien lui. En face d'elle se tient le patron de la Brigade de répression des migrants. Malgré un visage très ordinaire, elle ne peut pas l'oublier ni ses yeux aux contours bleuâtres.

— Tu sais où tu es ici ? Hein ? Tu sais ou pas ? Tu es dans un autre monde. Tu es dans les sous-sols de la Direction générale de la sécurité de Djalmanie. Tous les migrants délinquants qui sont passés par là sont ressortis dans un sale état. Des violeurs, des criminels, des bandits... j'en ai vu passer, de la vermine dans ton genre venue d'Europe ! crache-t-il en l'empoignant par le col de son chemisier comme un fauve saisit sa proie entre ses griffes.

— Il... Il est où ? Où est Malek ? Où est Malek Castellini ? ose Louise, tremblante.

Le monstre la fixe avec ses yeux glauques.

— Tu crois que c'est un jeu, c'est ça, hein ? Tu crois qu'on va te relâcher et tout oublier ? Oublier que tu as tué un garde avec ton complice ? Oublier que tu as tué Mahmoud, un père de famille, un honnête citoyen. Espèce de vermine. Depuis votre arrivée en Djalmanie, rien ne va plus chez nous. Vous êtes comme des bêtes de l'Apocalypse, en train de nous sucer notre sang. C'est la grande invasion qui se déverse sur nous. Vous avez débarqué sur nos plages pour prendre notre place et voler notre travail. Vous venez de l'enfer et vous allez y retourner ! éructe-t-il sur un ton furieux, la bouche tordue par la haine.

Enfermée dans les entrailles d'un bâtiment aussi sombre que le sort qui lui est réservé, mains menottées derrière le dos, Louise ne cesse de penser à Malek. Qu'est-il devenu ? Qu'est devenu l'homme qui n'a pas hésité à se mettre en danger pour la sauver. En quelques millièmes de seconde, le temps du trajet de la balle entre le canon brûlant de l'arme et le crâne déjà froid du garde, il a résolu la plus grande des énigmes, celle de l'amour. Désormais, Louise tient ce secret serré contre son cœur. La vie lui a tout donné et tout repris.

À quelques kilomètres du bâtiment de la Direction générale de la sécurité, le jour se lève sur le camp de Ras Abyad. Dans le container 232, de la cire fondue a coulé sur la petite table à côté du lit en métal. La lave blanche a dessiné la forme d'un visage. Aurélien y voit un signe de Dieu et les traits de Louise. Il est convaincu de vivre une révélation. Lui qui appréhendait la vie comme une succession de bruits et d'images, il est saisi par la puissance du silence et la pureté de l'obscurité. Il se sent comme un enfant au premier jour d'école, à la fois exalté et terrifié. Le camp s'est métamorphosé en cour de récréation. Il n'y a plus une seconde à perdre, il doit parler au maître, tout raconter à Farah. En sortant, il aperçoit Albert adossé au mur d'en face.

— Qu'avez-vous décidé avec Rachel ?

— Je vais confirmer ta version des faits. C'est la pire décision de ma vie. Mais je te préviens, je te suis à une seule condition ! Qu'on sorte de là ! Si jamais ça ne marche pas, je te jure... je te jure que...

— Vas-y ! Je te jure que quoi ? Dis-le ! Tu veux me faire la peau c'est ça ?

— Allez, allez, ça ne mène à rien. Laissons tomber. Pas de temps à perdre, on y va, c'est décidé. Allons voir Farah, lance Albert en ouvrant la marche.

Les deux hommes avancent d'un même pas vers la tour de surveillance du camp. En les voyant arriver, Farah leur ouvre la porte en leur ordonnant de se presser.

— Vite ! Vite ! Personne ne doit vous voir, dit-il d'une voix inquiète et étranglée en regardant sa montre.

À l'intérieur du bâtiment, un mur d'images composé de six écrans vidéo et d'un synoptique mural permet aux gardes d'être informés en temps réel de tous les faits et gestes des migrants. Sur le sol de carrelage blanc, un mégot mal éteint fume encore. Une odeur de plâtre et de sueur flotte dans l'air. Aurélien se racle la gorge.

— Hum. Hum... On est ici pour tout vous raconter. Pour dire toute la vérité et pour...

Farah l'interrompt et pose un magnétophone sur une minuscule table d'appoint en leur demandant de prendre place sur deux petites chaises pliantes identiques.

— Voilà ! Maintenant tu peux y aller, docteur, dit-il en s'asseyant face à eux dans un fauteuil rond capitonné qui tranche avec le décor ambiant.

— Mais d'abord, on veut savoir ce qui va... ce qui va se passer si on parle ? chuchote Albert.

— Ce qui va se passer ? Quoi ? Tu veux que je te signe un contrat peut-être ?

— Non... mais on a besoin de savoir si ma femme va être relâchée et si on pourra tous sortir d'ici avec des papiers en règle ? renchérit Aurélien.

— Mais ça dépend de ce que vous allez me dire et ça dépend du procureur général !

— Ça veut dire que ma femme peut rester en prison ? Mais c'est pas le deal, ça !

— Quoi ? Ça suffit ! Tu crois que parce que tu parles à des Arabes, tu dois négocier comme au souk ? Il n'y a pas de deal ! Allez, levez-vous et dehors !

Albert et Aurélien sont abasourdis. Les deux hommes ont l'impression d'être ensevelis vivants.

Soudain, Farah éclate de rire. Un rire satanique.

— Ha, ha, ha ! Vous avez vu vos têtes ?! Des gueules de morts vivants ! Ha, ha, ha ! Mais bien sûr que vous allez sortir ! On a conclu un marché et je n'ai qu'une parole, moi, Farah, fils de Abdel Fattah el-Beni ! Si vous dites la vérité sur ce fils de pute du Croissant-Rouge, ta femme sera libre, docteur, et vous quitterez tous le camp avec des papiers djalmaniens en règle. Les containers 232 et 245 seront vidés avant d'accueillir d'autres familles. Voilà !

— Dieu soit loué ! Dieu soit loué ! s'écrie Aurélien.

Farah stoppe le magnétophone qui enregistre depuis quelques minutes leur conversation et se penche vers eux. Il est maintenant à seulement quelques centimètres du visage des deux hommes.

— Il y a quand même une petite condition à tout ça... Un détail... Sinon, pas de deal !

Aurélien veut en finir. Le supplice n'a que trop duré.

— Une condition ? Mais quoi ? Quelle condition encore ? C'est un jeu ?! Il y a une caméra cachée quelque part ? interroge-t-il en lâchant un rire nerveux.

— Pas grand-chose ! Pas grand-chose ! Rassurez-vous, dit Farah en faisant signe à deux gardes restés en retrait devant les écrans de contrôle de les rejoindre.

— Qu'est-ce qui se passe ici ? Je ne comprends rien, qu'est-ce que vous attendez de nous ? Je vous en prie ! C'est quoi, cette condition ? demande Albert, le cœur palpitant.

Aurélien reste figé. Il a l'impression de rouiller sur place tant l'attente lui paraît longue. Farah se lève brusquement, faisant basculer en arrière son fauteuil.

— Je vous présente vos deux témoins, Kassem et Nourredine, dit-il d'une voix théâtrale.

Albert et Aurélien se regardent de nouveau. La peur leur saute à la gorge.

— Des... des témoins ? Mais... des témoins de quoi ? balbutient les deux hommes en chœur.

— Kassem et Nourredine seront les témoins de votre conversion. Ce sont de bons musulmans, des personnes de grande confiance et de haute probité, affirme Farah en tapotant sur l'épaule de l'un des deux gardes.

Aurélien se lève comme un diable à ressort sortant d'une boîte à surprise.

— Se convertir ? C'est... c'est pour ça que j'ai trouvé le Coran sur mon lit ? Mais vous êtes fou ou quoi ? On ne peut pas se convertir ! Vous n'avez pas le droit ! C'est du délire ! Du délire !

— Je ne sais pas qui est le plus dingue des deux, cher docteur ? Je pense que tu dois être un peu dérangé pour me parler comme ça devant mes hommes après l'acte de terrorisme de ta femme !

— Louise n'est pas une terroriste ! Il faut arrêter avec ça maintenant !

— Je crois que vous n'avez pas bien compris le deal. Soit vous me dites la vérité sur le chien du Croissant-Rouge et vous vous convertissez à l'islam pour vivre en paix et en harmonie chez nous, soit vous restez dans ce camp jusqu'à ce que votre demande d'asile soit rejetée et ça peut durer des années. Pendant ce temps, ta femme, docteur, elle va prier dans toutes les langues pour sortir de prison, tu peux me faire confiance !

25

Aurélien et Albert n'osent plus bouger. Sous le halo jaunâtre des néons alignés au plafond, ils viennent de basculer dans un monde dont ils ignoraient l'existence jusqu'à ce jour. Un monde où ils ne sont plus rien, ou si peu. Leur poids est infinitésimal. Une machine à remonter le temps vient de les renvoyer à travers les siècles passés dans l'Empire ottoman. Des renégats devenus musulmans de gré ou de force, tel Guillaume Bedos, capturé à l'âge de quinze ans par les corsaires de Bizerte. Né chrétien, devenu capitaine corsaire musulman en Tunisie sous le nom de Chaâbane, le raïs des mers. Convertis à l'islam, les chrétiens changeaient de nom et devaient aussi, dans la plupart des cas, se vêtir selon la tradition musulmane et se faire raser la tête. Parfois, il était aussi demandé aux convertis d'exprimer le plus clairement possible leur rejet de leur ancienne foi et du symbole de la croix.

Allons-nous finir comme ce Chaâbane ? songent Aurélien et Albert.

Farah se vautre dans son fauteuil. Un pendentif en or, sur lequel il est écrit *Allah* en arabe, se décolle de son cou. Le reflet des cristaux bleuâtres qui encadrent la calligraphie aveugle Aurélien, lui renvoyant l'image de Louise. *Et si c'était un signe ?* pense-t-il. Il y a quelque chose d'apaisant dans ce chatoiement qui pénètre en lui naturellement, comme l'air envahit ses poumons. Le scintillement des petits confettis lui semble mille fois plus beau que tout ce qu'il a connu sur cette terre. Subitement, il ressent le besoin de protéger cet amour naissant. *Ce que l'on appelle Dieu n'est rien d'autre qu'une présence éclairante*, se dit intérieurement Aurélien.

— Allez, allez ! Je n'ai pas toute la journée, moi ! Vous allez vous décider tous les deux ou alors chacun va retourner fissa dans son container, grogne-t-il.

Albert ne bouge plus depuis plusieurs minutes. On dirait qu'il a été défait et recomposé autrement, tel un jeu de Lego démonté et remonté sens dessus dessous. Il n'est plus tout à fait lui-même, et pas complètement un autre. Il pense à ses parents, à son nom, à la grande famille Zaoui.

Agacé, Farah poursuit en haussant le ton :

— Vous croyez vraiment que vous avez le choix ? Et toi, tu ne parles pas ? Qu'est-ce que tu penses ?

— Je... Je... Mais je suis juif, lâche Albert.

— Et alors ? Tu crois que je ne sais pas que tu es juif ? Est-ce que tu sais que la principale langue du judaïsme, c'était l'arabe ? Est-ce que tu sais qu'il y avait des liens forts entre les juifs et les soufis ? Je vais te dire quelque chose d'important. Les inscriptions sur la mosquée de la Coupole du Rocher à Jérusalem, elles ne portent pas du tout sur les juifs mais sur les chrétiens ! Et vous savez ce qui est écrit ? Croyez en Dieu et aux envoyés, ne dites pas « Trois ». Vous les juifs, vous êtes plus proches de nous que les chrétiens. Toi et moi, on est plus proches que moi et le docteur. Et je vais te dire autre chose, le Coran doit beaucoup à l'héritage des juifs. Pour le musulman, il y a de grandes ressemblances. Le jeûne du ramadan, tu vois, les règles sont proches de celles des juifs. Il y a aussi des points communs dans les écritures sacrées. Même si vous les juifs, vous êtes responsables de falsifications. Ça, tu vois, je dois te le dire, c'est la vérité. Mais il est temps de tourner la page. En te convertissant, tu accompliras un grand pas. Et puis, tu es déjà circoncis, comme moi ! Tu vas devenir un néomusulman d'origine juive.

— Vous ne pouvez pas nous forcer à la conversion ! Le destin des juifs en terre d'islam n'est pas du tout aussi rose que vous le dites ! Vous oubliez la dynastie musulmane des Almohades, ce sont ceux que l'on appelle les unificateurs qui ont voulu instaurer un islamisme rigoriste pour que le monothéisme ne se résume qu'à l'islam ! Il y a eu de nombreuses conversions forcées de juifs ! Je ne pourrai jamais me convertir. Je veux bien discuter, être d'accord sur certains points mais la conversion, non !

— Tu es professeur d'histoire ou quoi ? Je vous le redis une dernière fois, la conversion c'est votre porte de sortie à tous les deux ! assène Farah.

— Mais je ne peux pas faire ça. Je ne peux pas faire ça à ma famille ! À mes parents ! À toute la lignée des Zaoui !

— Ta famille ? Tes parents ? Dans ton dossier, il est écrit que tes parents sont morts. Ta famille aujourd'hui, c'est ta femme et ta fille. Tu veux qu'elles restent dans le camp ? Hein ? Réponds, réponds ! insiste Farah.

— Je ne peux pas... je ne peux pas... non, non, non ! sanglote Albert qui pense à la dernière lettre de Saint-Just : « Les sentences ne sont dures que pour ceux qui refusent de marcher au tombeau. »

— Si tu ne peux pas, alors tu sors d'ici. Et si tu franchis cette porte, ça condamne ta famille à rester dans le camp. Réfléchis bien.

— Je ne peux pas... répète Albert, en larmes.

— Soyez à la hauteur de l'histoire de votre pays, la France ! La vérité, c'est que vous ne méritez pas l'islam. Napoléon Bonaparte avait tout compris, lui !

Farah prend une grande respiration comme s'il s'apprêtait à plonger de longues minutes en apnée, puis entame son récit.

— Nous sommes le 23 août 1798 soit le 12 *Rabi al-Awal* 1213 selon le calendrier de l'hégire. Une forte odeur d'encens s'échappe d'un grand récipient en argent dans lequel des graines parfumées sont brûlées sur des morceaux de charbon rougis. La mosquée al-Azhar est parée de mille feux. Les oulémas d'Alexandrie chantent en chœur des versets coraniques en l'honneur du Prophète. Un homme regarde la population se masser et l'applaudir. « C'est le sultan el-Kébir ! C'est le sultan el-Kébir », lui crie la foule en liesse. À ses côtés, le conseil du *diwan* – l'assemblée de notables chargée de collaborer avec l'armée française sur les questions administratives – le renomme Ali Bonaparte.

— Quoi ? Ali Bonaparte ? Quelle blague ! C'est faux, c'est une légende ! lance Aurélien.

— Ne m'interrompez pas ! Ignorants ! Bien sûr que c'est vrai, vous ne connaissez même pas votre propre histoire, ironise Farah avant de poursuivre son récit : Accompagnés des sons de la fanfare, des chants musulmans montent vers le ciel rouge orangé d'Alexandrie. Sur le sol d'Égypte, le vainqueur de la bataille des Pyramides n'hésite pas à afficher son respect et sa fascination pour l'islam. Napoléon était convaincu, pour conserver l'Égypte, de devoir montrer une grande déférence à l'égard des musulmans et surtout, de Mahomet. On peut ainsi lire dans la première déclaration adressée aux Égyptiens : « Gloire à Allah, il n'y a point d'autres dieux que Dieu. Mahomet est son prophète et je suis de ses amis. » Certains affirment que Napoléon, hypnotisé par la puissance du prophète Mahomet, lui reconnaissait une force unificatrice indéniable.

— C'était une ruse ou une vraie conviction de sa part ? questionne Aurélien qui n'en croit pas ses oreilles.

— Napoléon était un véritable caméléon ! Ça ne prouve pas grand-chose tout ça. Pour lui, la tactique politique passait avant la religion. C'est de l'opportunisme, renchérit Albert, qui rappelle une autre phrase du célèbre général : « C'est en me faisant catholique que j'ai fini la guerre de Vendée. En me faisant musulman, que je me suis établi en Égypte. En me faisant ultramontain, que j'ai gagné les esprits en Italie. Si je gouvernais le peuple juif, je rétablirais le temple de Salomon. » La vie de Napoléon est pleine de paradoxes ! Napoléon, c'est le point culminant de l'aventure française. Refaire l'Empire romain d'Occident était son obsession.

— L'Empire romain d'Occident ? ironise Farah avec un sourire en coin.

— Oui, il avait tout compris ! C'était un génie. Il a compris que la France devait s'agrandir pour faire bloc, comme les États-Unis, l'Allemagne réunifiée, la Chine ou encore l'Empire britannique.

— Il avait au moins deux siècles d'avance ! Il a eu l'intuition géniale de la nécessité de la grandeur de la France ! La grandeur ? Laissez-moi rire ! Mais vous avez vu l'état de votre pays ! Même Napoléon, vous avez honte de le célébrer. Vous avez mauvaise conscience. En vérité, vous ne le méritez pas ! C'était le plus grand Français et il avait tout compris de l'islam. Il admirait notre Prophète, *sallallahu alayhi wa salam*. Je vous rappelle l'une de ses paroles à Alexandrie s'adressant à l'un de ses officiers : « On dira que je viens détruire votre religion, ne les croyez pas. Répondez que je viens vous restituer vos droits, punir les usurpateurs, que je respecte Dieu, son prophète et le Coran. » Ou cette autre affirmation encore plus révélatrice faite au général Marmont : « Personne plus que moi n'est persuadé de la pureté et de la sainteté de la religion mahométane... »

— ... Ça ne fait pas de lui pour autant le Mahomet occidental ! le coupe Albert.

— Attention à tes paroles ! On ne blasphème pas en Djalmanie. Il n'y a aucun équivalent au Prophète, *sallallahu alayhi wa salam* ! menace Farah qui s'agace de leur ignorance. Et les correspondances rapportées par le général Gourgeaud, vous les avez lues ? Dans son Journal, il écrit que l'islam finira par dominer le monde. Il aurait même dit : « J'aime mieux la religion de Mohamed. Elle est moins ridicule que la nôtre. »

Farah poursuit en affirmant que Napoléon était fasciné par les récits autour de la bataille de Badr qui opposa, en l'an 2 de l'hégire, une caravane de Quraychites à Mahomet et ses compagnons. Selon le chef des gardes, le général français se serait inspiré de la tactique militaire qui a permis à trois cents hommes ne disposant que de soixante-dix chameaux de vaincre une armée de plus d'un millier de combattants.

— Comme écrit dans le Coran, « Allah vous a donné la victoire à Badr alors que vous étiez humiliés ». C'est certain, assène Farah, que Napoléon s'est inspiré de ce combat pour la victoire d'Austerlitz.

Les deux hommes sont scotchés. Albert et Aurélien ne s'attendaient pas à une telle démonstration et ne trouvent rien à y opposer. C'est à ce moment précis que Farah, s'inspirant de la stratégie militaire de Mahomet, assène le coup de grâce.

— C'est l'heure du choix. Êtes-vous de la trempe de Napoléon ? Allez-vous vous rallier à la cause du Prophète, *sallallahu alayhi wa salam* ? Allez-vous combattre sous une bannière commune, celle de l'Oumma ? Il est temps de vous montrer dignes et courageux. Si vous refusez, sortez et acceptez votre sort.

— Mon Dieu, pourquoi me faire subir ça, murmure Albert en prenant la direction de la sortie.

Il jette un dernier regard à Aurélien. Il sait qu'il ne reverra plus jamais son compagnon d'infortune. L'exil de Ras Abyad sera beaucoup plus long que celui de Sainte-Hélène.

***

À Buckingham, les six cents horloges sonnent l'heure du thé. Autour de la table, dans la salle d'audience du palais, le roi et le Premier ministre affichent des mines défaites. Contrairement à leurs prédictions, Babotchkine s'est révélé être un véritable stratège. L'Europe est en difficulté. Face à sa tasse de thé fumante, le souverain anglais est perdu dans ses pensées. *Qu'aurait fait Churchill dans cette situation ?* s'interroge-t-il intérieurement en regardant l'actuel locataire du 10 Downing Street qui n'a rien d'un géant de l'Histoire contrairement à son lointain prédécesseur. Le monarque jette un regard circulaire dans la pièce qui a notamment abrité les conversations entre George VI et le « Vieux Lion ». Une profonde affection liait les deux hommes. Il n'en est plus rien aujourd'hui entre les deux personnages qui se font face dans cette même salle. Chacun se renvoie la responsabilité d'avoir sous-estimé le leader russe.

Tandis que l'Europe se déchire, de l'autre côté de la Méditerranée, l'heure du choix a sonné.

***

— Il faut te décider, docteur. Tu es seul face à ton destin. Franchement, à ta place, je n'hésiterais pas une seconde. Ta femme est au cachot, ton pays est en guerre, et ton président, c'est une larve. Et tu le sais, le chef iranien Seyyed Yaser Khomeini est sur le point de joindre ses forces à celles des Russes pour tout faire exploser. La Djalmanie, c'est ton petit coin de paradis pour éviter l'enfer. Vous n'avez plus nulle part où aller ! Le roi du Maroc Moulay el-Hassan et le général algérien Amirouche ont fermé toutes leurs frontières. Israël est une poudrière et va bientôt disparaître. Alors, qu'est-ce que tu décides ? Réponds !

Non loin du camp, la même phrase résonne dans les sous-sols de la Direction générale de la sécurité djalmanienne. Le patron de la Brigade de répression des migrants attend les explications de Louise.

— Tu as intérêt à parler ! Toi et le terroriste du Croissant-Rouge avez tout manigancé ? Parle ou tu passeras ta vie en prison ! hurle-t-il, le corps en nage et le regard haineux.

Chaque mot du monstre éloigne Louise de la liberté. Elle aimerait entrevoir de nouveau la lumière du jour. Elle voudrait sentir les joies d'une résurrection, mais aucun miracle ne la sauvera, pense-t-elle. Que peut faire Dieu face à la bêtise de ce monstre adipeux ? Louise craint d'être ensevelie vivante dans ce sous-sol. Elle se cogne déjà la tête au bois de son cercueil. Elle hume une odeur de moisi.

Dans la tour de surveillance du camp, le huis clos est tout aussi intenable. Farah est exaspéré et Aurélien ne cesse de tergiverser.

— Tu commences sérieusement à m'énerver, docteur ! Je te propose de sauver ta femme, je t'offre une nouvelle vie et des papiers, et toi que fais-tu ? Tu hésites à rejoindre une religion comme l'islam ? Notre religion est une religion de paix et d'amour. C'est l'association de la grandeur et de la grâce. Tu sais ce qui me dégoûte chez vous, dans votre civilisation ? C'est votre façon de vouloir finir dans un four après votre mort. Comment vous appelez ça, déjà ?

— L'incinération...

— Voilà ! L'incinération. C'est un péché ! C'est haram. Comment on peut vouloir se faire cramer comme ça ? Comment vouloir empêcher son âme de monter au ciel ? Et je vais te dire la vérité, docteur, les enfants, chez vous, font brûler leurs parents quand ils meurent. Et tu sais pourquoi ? Hein ?

— Euh... non, je ne sais pas.

— Parce qu'ils ne veulent plus s'occuper de leurs tombes. Parce que vos enfants occidentaux sont égoïstes, individualistes et cyniques ! C'est facile de poser une urne de cendres sur la cheminée mais c'est autre chose d'aller s'occuper d'une tombe en la fleurissant. Vous êtes la honte ! Vous n'avez plus de vrais objectifs dans vos vies, plus rien, même pas le courage. Vous êtes incapables de mourir pour aucune cause alors que chez nous, la culture du martyre est enseignée dès la plus petite enfance. Chez vous, la mort est un tabou ! Chez nous, c'est sacré. Toi, tu vas enfin devenir quelqu'un d'inspirant et de respectable comme tous les grands émirs de notre histoire, tu vas ressembler à tous ceux qui ont traversé les siècles et les territoires de Palestine, de Mésopotamie, de Perse ou encore d'Égypte. Tu vas devenir un sultan, docteur ! Un sultan !

26

Aurélien s'imagine vêtu d'une longue *kandoura* parsemée d'incrustations et de fines broderies. Il est projeté en l'an 730. Tandis que l'Europe connaît des siècles noirs, l'islam est à son apogée. Toutes les grandes dynasties rayonnent. Les Almoravides à Marrakech, les Fatimides à Alexandrie et les Omeyyades à Damas. Jamais la domination de l'Orient sur l'Occident n'a été aussi forte. Il se laisse envoûter par la ronde des guerriers, officiers et aristocrates qui se pressent autour de lui. Dans l'immense palais du sultan, c'est un va-et-vient incessant. Tous déposent à ses pieds des sacs d'or et d'émeraudes. Le raffinement des métaux précieux est sans égal. Des fragrances d'un autre monde s'élèvent jusqu'au dôme vert, haut de quarante mètres. Des céramiques géométriques et des moucharabiehs ornent les différentes pièces du monument. Sur les routes menant au château, des marchandises rares sont transportées sous bonne garde par des caravanes en provenance de Bagdad. La cité vibre au rythme d'une incessante activité marchande. Parmi tous les objets, un exemplaire du Coran imprimé en noir et or est offert au sultan.

Les yeux mi-clos, Aurélien en caresse la couverture et s'émerveille de la reliure en ébène. Dans ses veines, il sent couler un autre sang que le sien, le sang des héros d'une fresque immémoriale. Emmitouflés dans leurs manteaux d'hermine, les plus grands hommes de lettres du royaume le célèbrent et l'encensent tandis que des jongleurs et des charmeurs de serpent amusent la galerie en liesse. Aurélien connaît l'extase. Sous le ciel d'Orient, il est porté tel un dieu vivant.

Une clarté nouvelle ruisselle en lui. Tout en convoitant sa place et son pouvoir, des dignitaires de haut lignage se courbent sur son passage en signe de respect. Le sultan est décoré de tous les titres de gloire.

— Oh, docteur ! T'es où, là ? Tu rêves ? Allez ! Allez ! Viens avec nous.

— Ma femme ne voudra jamais... jamais ! dit Aurélien de retour de ses rêveries sultanesques.

— Mais ta femme, elle est au fond d'un trou ! Écoute-moi bien, je te connais, docteur, je connais ton dossier par cœur. Je sais exactement ce que tu faisais en France, ce que tu faisais aux enfants pour les changer de sexe !

Aurélien blêmit et porte sur Farah un regard apeuré.

— C'est... C'est pas ce que vous croyez...

— Te fatigue pas à m'expliquer. On sait déjà tout de toi. Tes conneries sur les trans, les théories du genre, le changement de sexe, tout ça, c'est fini, docteur. Y a pas ça en Djalmanie et en islam. Notre religion est un rempart à tout ça. Tu vas te convertir et tu prendras la bonne direction dans ta vie. Comment tu peux croire que l'identité, l'appartenance au sexe masculin ou féminin se fabrique selon ton bon vouloir ? Sais-tu que nous appartenons tous à Dieu, que c'est Lui qui décide si on naît homme ou femme ? Dans la sourate 3, verset 36 du Coran, il est écrit que le garçon est différent de la fille. C'est un acte divin. On ne peut pas changer la volonté du créateur. Personne ne peut se substituer au Tout-Puissant. Et d'ailleurs le Prophète, *sallallahu alayhi wa salam*, maudit celui ou celle qui modifie sa nature biologique. Il est interdit pour un homme de devenir femme, et vice versa. Dans la sourate 16, verset 72, il est dit : « Dieu vous a fait à partir de vous-mêmes des épouses, et de vos épouses il vous a donné des enfants et des petits-enfants. Et il vous a attribué de bonnes choses. Croient-ils donc au faux et nient-ils le bienfait de Dieu ? » Tu vois, docteur, au fond, c'est une énorme chance qui se présente. Tu as vraiment de la chance, toi...

— De la chance ?

— Oui, oui, docteur, de la chance. Au Moyen Âge, Dieu vous a appelés à partir en croisade. Toi, tu es un descendant des croisés, tu es en quelque sorte un chevalier chrétien. Tes ancêtres ont entendu l'appel du pape pour aller libérer Jérusalem et les Lieux saints de la tutelle des musulmans. Vous avez agi sous un ordre chrétien.

— Mais quel rapport ? Je n'ai rien fait, moi ! Je... Je ne suis pas un croisé, je n'ai rien à voir avec cette idéologie violente et conquérante, bégaie Aurélien.

— Tais-toi ! Sois au moins fier de ton histoire. C'est ça votre problème. Vous ne respectez plus rien. Vous n'aimez pas votre histoire, vous n'aimez pas votre pays ! Tu vois, docteur, tu as de la chance parce qu'on va t'offrir une occasion unique de te racheter. Tu étais un descendant de croisés, aujourd'hui tu vas devenir un décroisé !

— Un… décroisé ? Mais qu'est-ce que c'est ?

— Oui, un décroisé, tu vas devenir musulman, tu vas te convertir et tu vas obéir au nouvel ordre islamique. Allah le Tout-Puissant vous appelle aux décroisades. Dans l'Histoire, docteur, il y a un lieu qui a servi de port en Méditerranée pour le départ des croisades, c'est celui d'Aigues-Mortes, eh bien, le lieu qui servira de départ pour les décroisades, ce sera ici, à Ras Abyad. L'Histoire retiendra le nom de Ras Abyad, comme elle a retenu celui d'Aigues-Mortes.

— Mais c'est quoi le but des décroisades ?

— Aaaah ! Tu vois, ça commence à t'intéresser. C'est d'accomplir la mission divine telle qu'Allah le Tout-Puissant l'exige. Tu te convertis à l'islam pour vivre en Djalmanie et quand la guerre chez toi sera finie, tu y retourneras pour les soumettre à la puissance de ta foi comme tes ancêtres les croisés l'ont fait en menant une guerre sainte contre les sarrasins ! La décroisade, ce sera le Pearl Harbor du djihad !

— Mais je… je ne veux pas mener de guerre contre ma propre terre ! Vous avez une idée déformée des croisades. Il n'y avait aucune volonté manifeste de s'en prendre à l'islam ! Dans son fameux sermon, Urbain II insiste surtout sur sa volonté d'empêcher les massacres dont se seraient rendus coupables les musulmans sur les chrétiens en Orient.

— C'est donc la faute des musulmans ! À vos yeux, c'est toujours la faute des musulmans, même lorsque c'est vous qui menez les croisades ?! C'est ça ? Toujours la faute de l'islam ?

— Non... non... je voulais juste préciser les choses...

— Tais-toi, vous avez créé l'image d'un musulman barbare, sale et profondément cruel, alors que l'Orient et le monde islamique étaient beaucoup plus civilisés que vous à l'époque.

— Moi je ne veux pas mener une guerre contre la France ! Je ne me sens pas du tout l'âme d'un décroisé.

— Ce n'est plus le Moyen Âge, docteur ! La guerre, tu vas la mener intelligemment, insidieusement. Au contraire, tu seras le meilleur rempart contre tous ceux qui veulent déconstruire ton pays, ton histoire. Et tu expliqueras que ce rempart, c'est l'islam ! Tu te rends compte de ta chance ? Tu sauves ta femme, et toi et d'autres, vous allez sauver votre peuple et votre civilisation ! Tu vas sauver cette Europe déprimée grâce au glaive et à la force de l'islam. Tu comprends maintenant, docteur ? L'islam, c'est le rempart. L'islam, c'est le gardien des traditions et des valeurs. L'islam, c'est l'amour de l'histoire. L'islam, c'est des filles qui ne se changent pas en garçons et des garçons qui ne s'amusent pas à être des filles ! L'islam, docteur, c'est ta seconde chance dans ce monde !

27

Le sens d'une vie se décide à chaque instant. Aurélien est ébranlé. Et si c'était vraiment une seconde chance ? Le doute s'engouffre dans les moindres interstices de son corps. Les paroles de Farah agissent comme autant de mains invisibles venant rassembler les morceaux d'une vie dispersée aux quatre vents.

Un décroisé, voilà ce qu'il sera. Il entrevoit déjà des visages lui sourire, des mains le toucher, des bouches l'acclamer. Le chevalier Aurélien Dubreuil est de retour en France. Il revient de la nuit des temps pour lancer les décroisades au nom d'Allah. Il sera celui capable de réunir le croissant et la croix. Il est persuadé que c'est la seule manière de reconquérir le cœur de Louise. Il pourra enfin ressembler au père de Charrette.

Kassem et Nourredine, les deux témoins, s'avancent. Aurélien se tient droit comme jamais il ne l'avait fait auparavant. Le chef des gardes lui demande de lever l'index de la main droite et de répéter après lui : « *Achhadou an lâ ilâha illa Allah wa achhadou anna Muhammad rasûl*

Allah » (« J'atteste qu'il n'y a pas de divinité en dehors de Dieu et j'atteste que Mahomet est le Messager de Dieu »).

L'air pénétré, la voix tremblante, Aurélien répète la *chahada* sous le regard attentif des témoins.

— Tu es des nôtres désormais. Tu es musulman. Tout commence aujourd'hui pour toi ! s'enthousiasme Farah.

— C'est... C'est tout ?

— Bien sûr que non. Ton apprentissage débute. Il y a les prières, les différents piliers de l'islam que tu dois suivre mais pour aujourd'hui, ce sera tout. Tu as accompli un grand pas. Ton prénom sera Chaâbane. Tes nouveaux papiers en feront mention. Il ne nous reste plus qu'à enregistrer ta déposition au sujet du chien de l'enfer du Croissant-Rouge et c'est fini !

— Fini ? Et après ? interroge Aurélien.

— Ta femme sera libérée et vous sortirez du camp, affirme Farah en congédiant les deux témoins.

C'était donc si facile, pense Aurélien. Il ressent une joie enfantine semblable à celle des enfants terribles quand ils réussissent, par mille stratagèmes, à échapper à une punition après une grosse bêtise.

Il esquisse un sourire un peu canaille, comme celui de l'ange de la cathédrale de Reims.

La porte du camp de Ras Abyad vient de s'entrouvrir. Elle est aussi lourde que celle du paradis. Aurélien n'a que quelques mots à prononcer pour franchir la barrière de lumière. À ce moment précis, l'espérance est sa sœur de lait. Tout semble clair comme un cœur d'enfant. À un détail près. Les quelques mots qu'il doit livrer à Farah s'apparentent à une sentence de mort prononcée à l'endroit de

Malek. Un bourreau au visage d'ange, voilà ce qu'il sera. Un tortionnaire masqué.

— Vas-y, Chaâbane, je t'écoute. C'est la dernière étape. Il faut aller au bout maintenant. Tu as toutes les cartes en main. Le magnéto est en marche. Ta version sera la bonne. Ne te pose pas de questions. Tu es sur le droit chemin, mon frère. Tu es un décroisé ! Ta parole est vérité. *Allah Akbar !* Retiens cette citation dans notre Saint Coran : « En vérité, c'est Allah qui fend le fruit et le noyau de la datte. Il fait sortir ce qui est vivant de ce qui est mort ; et Il fait sortir ce qui est mort de ce qui est vivant. Tel est Allah ! » Tu vois, Chaâbane, tu es comme cette datte. Il faut sortir la vérité ! Fais sortir ce qui est vivant de ce qui est mort !

La Faucheuse montre le bout de sa lame incurvée. L'enterrement de Malek a commencé. Ses traits disparaissent sous la terre. Le responsable du Croissant-Rouge djalmanien n'est déjà plus de ce monde mais il ne le sait pas encore. Dans quelques minutes, il ne restera plus rien de lui. Il n'y a déjà plus de séparation entre sa présence dans le monde des vivants et son arrivée prochaine dans celui des morts. Aurélien jette sur lui les dernières pelletées de terre, livrant sa version à Farah.

— Il... Il a prévu de poser une bombe...

— Qui ? Son nom ? demande Farah en vérifiant que le voyant rouge du magnétophone est bien allumé.

— Hum... Malek Castellini a prévu de poser une bombe pour... pour tuer le président Abassi, lâche-t-il difficilement.

— Comment tu le sais ? Il l'a donc dit devant toi ? Quel traître ! Qu'il aille brûler en enfer ! éructe le chef des gardes.

— Oui, oui, il l'a dit la veille de notre arrestation, juste après le discours du président djalmanien à la radio. Je l'ai entendu, j'en suis sûr. Il voulait tuer votre président ! C'est... c'est un terroriste. Il a voulu entraîner ma femme dans son complot mais elle a refusé ! Louise est quelqu'un de bien. C'est une mère. Jamais, jamais, elle ne ferait ça ! Elle ne prendrait aucun risque pour ses enfants. C'est lui le terroriste. Il n'a pas pu tuer le président alors il s'est vengé en tuant un garde, il a abattu l'un de vos hommes ! C'est... C'est un chien, un chien de l'enfer ! Je vous jure que c'est vrai. Je l'ai entendu de mes propres oreilles. Il en voulait à Abassi. Il lui en voulait à mort. À mort !

— C'est parfait. Tout est enregistré. Tu as fait ton devoir, tu viens aussi de retrouver ton honneur, dit Farah en stoppant l'enregistrement.

Dans la foulée, il envoie un message au patron de la Brigade de répression des migrants. Ordre est donné d'extirper Malek de sa cellule. Les yeux bandés, le responsable du Croissant-Rouge est traîné dans les couloirs puants du bâtiment où se trouve Louise. Un simple mur de béton les sépare. Le surveillant charge son arme. Œil pour œil, balle pour balle. Malek ne tremble pas. Quand on est fait d'acier trempé, on ne virevolte pas dans la moindre bourrasque. Bruit sourd. Cri étouffé. Silence mortel. Malek tombe comme le garde qu'il a involontairement tué dans le camp de Ras Abyad. Le chapelet catholique qu'il porte au cou, celui qu'il a échangé contre le chapelet de sa femme, vole. Louise sursaute. *Quel est ce bruit semblable à un sifflement ?* s'inquiète-t-elle.

« Castello » a rejoint Sofia dans les bras puissants de Dieu. Et comme si sa mort ne suffisait pas, Farah et le patron de la BRM ont donné instruction pour qu'il ne soit pas inhumé auprès de son épouse dans le cimetière de Badia en face de leur maison. Misère des vivants au cœur noir qui ne savent pas que leur folie est impuissante face à l'amour. Sauvagerie des loups entre eux. Bêtise de ceux qui croient tenir en laisse les âmes. Malek vient de perdre la vie et de gagner l'éternité auprès de celle qui l'attendait depuis des années. Dans la pièce à côté, Louise ressent sa présence lumineuse. Elle voit son reflet dans le regard du monstre adipeux, comme un ultime pied de nez adressé à ses bourreaux, une dernière farce avant que le rideau tombe. Étrange atmosphère qui règne dans la salle d'interrogatoire de la Direction générale de la sécurité, à la fois grave et aérienne. Le chef de la BRM sort un moment de la pièce. Malek veille sur Louise. Absence et présence s'entremêlent. Il vit maintenant entre deux mondes, entre deux guerres, entre deux âmes. Une odeur de graines de musc séchées chatouille les narines de Louise. Selon la tradition islamique, il a été rapporté que le Prophète a dit : « Quand un homme est en train de quitter le monde d'ici-bas pour rejoindre l'au-delà, des anges blancs au visage aussi brillant que le soleil descendent du ciel munis de linceuls apportés du paradis et d'un parfum paradisiaque. Ils s'installent à portée de regard du mourant. Puis l'ange de la mort s'approche de sorte à se mettre près de la tête du mourant et dit : "Ô bonne âme ! Sortez pour baigner dans la miséricorde et l'agrément d'Allah." Et les autres anges enveloppent le corps dans l'un des linceuls. Une odeur comme celle du meilleur musc disponible sur terre s'en dégage. Tous remontent au ciel et chaque fois qu'il passent près d'un groupe d'anges, ils leur disent : "Quelle est cette bonne âme ?", à quoi ils répondent : "Celle d'untel ou d'unetelle en l'appelant par ses meilleurs noms utilisés au cours de sa vie sur terre jusqu'à leur arrivée au ciel le plus bas." »

28

Louise ne sait pas encore qu'elle ne le reverra plus. La mort est inguérissable. Même la résurrection n'y peut rien. Malek vient de mourir. Il va enfin pouvoir vivre comme il l'entendait, une main sur la joue de Sofia, un œil sur le destin de Louise. Le surveillant qui l'a exécuté se penche pour ramasser un objet à terre. Il cache dans sa poche le chapelet ensanglanté. Un corps a été martyrisé mais une âme vient de s'échapper.

De l'autre côté du mur, la porte s'ouvre et le parfum de la mort s'engouffre dans son sillage. Le monstre adipeux est là. Sa respiration est encombrée.

— Allez, sors d'ici. Tu es libre, dit-il d'une voix sépulcrale avec, dans son regard, une lézarde sinueuse et inquiétante.

Louise n'en croit pas ses oreilles. Un frisson parcourt son échine. Elle était quasiment au pied du poteau d'exécution et la voilà libre. Elle ignore les raisons de ce changement d'attitude soudain. C'est une défaite cinglante pour le chef du BRM qui vient de lui ôter ses menottes.

— Lève-toi ! Lève-toi ! Une voiture t'attend pour retourner au camp ! Tu as vraiment de la chance, toi... Si tu savais... allez, sors, sors, je ne veux plus te voir ! hurle-t-il, la gueule grande ouverte.

— Je... Je ne comprends pas.

— Y a rien à comprendre ! Tu dégages ! J'en ai marre de toi, marre de tous les migrants ! Je prie pour qu'une tempête vous noie en mer. Pour qu'elle dévore vos enfants ! Je prie pour que Dieu vous abandonne !

— Dieu ne m'abandonnera pas ! Je suis une vraie croyante, lance Louise en se redressant péniblement sur la chaise.

— Vous les Occidentaux, vous croyez en Dieu quand ça vous arrange ! Tu es une mécréante, une bâtarde qui ment et crache sur le Tout-Puissant. Qu'est-ce que tu sais de la vraie croyance ? Qu'est-ce que tu connais du Coran ? Est-ce que tu sais que dans le livre saint, il est dit que Jésus n'est pas mort sur la croix ? Voici mot pour mot ce qui est écrit : « Et parce qu'ils ont dit : "Nous avons vraiment tué le Messie, Jésus, fils de Marie, messager de Dieu." Or, ils ne l'ont ni tué ni crucifié, mais il leur a semblé qu'ils le faisaient. Ceux qui sont en désaccord à ce sujet restent dans le doute ; ils n'ont pas une connaissance certaine, mais ne font que suivre une conjecture. Assurément, ils ne l'ont pas tué, mais Dieu l'a élevé vers Lui. Dieu est puissant et sage. » Vous les infidèles, vous ne savez rien de la grande histoire, de la vraie spiritualité, de ce qui nourrit l'âme. Vous n'arrêtez pas de cracher sur Dieu !

— Vous... vous êtes un monstre ! Dieu doit regretter d'avoir mis sur terre des êtres comme vous ! se rebelle la jeune femme qui se rend compte que ce n'est pas le moment de tenir de tels propos.

C'est étrange comme on se sent parfois invincible dans les situations de grande détresse. Comme si, entouré de mille menaces, rien ne pouvait plus vous atteindre.

— Ça suffit maintenant ! Tu te prends peut-être pour... pour... comment elle s'appelle déjà la folle qui entend des voix dans votre histoire ? Jeanne d'Arc ! Allez, Jeanne d'Arc, sors d'ici ! Dégage ! Un jour, je te retrouverai et tu finiras comme elle, comme la folle de Jeanne d'Arc, menace-t-il, un doigt vengeur pointé vers elle.

Louise se dirige vers la porte. Un garde l'escorte à travers le dédale souterrain. Plongée dans ses pensées, elle s'imagine chevauchant un puissant cheval caparaçonné. Tête nue, en armure, elle s'avance, poussée par le vent, vers le front et les tranchées débordantes de boue. Elle se sent effectivement proche de la mystique Jeanne d'Arc. La main de Dieu ne la lâche pas.

Dehors, le soleil et la lune sont réunis. Sous un ciel gris ardoise, les nuages sont pressés comme des travailleurs un matin de semaine. Un fourgon de police emmène Louise. Le véhicule pénètre lentement dans le camp de Ras Abyad tel un cortège funèbre porté par un long murmure. Derrière l'immense portail grillagé, Aurélien l'attend. Les derniers événements lui ont creusé le visage et alourdi les rides. Il a pris dix ans en vingt-quatre heures. C'est un vieillard qui serre dans ses bras son épouse.

— Oh, Louise ! Oh, Louise ! Comme je suis soulagé ! J'ai eu tellement peur !

— Comment vont les enfants ? s'empresse-t-elle d'interroger.

— Ils t'attendent dans le container. Mattéo va mieux. Je lui ai dit qu'on partait. Il va de mieux en mieux ! On quitte le camp tout à l'heure !

— Quoi ? Mais... mais je ne comprends rien, Aurélien ! Un garde est mort ! Je suis accusée de l'avoir tué et tu me dis qu'on va sortir du camp ?!

Son léger sourire retombe aussitôt comme une lame de guillotine pressée d'en finir.

— On va sortir demain et nos papiers sont prêts ! On est officiellement considérés comme des réfugiés de guerre, ma chérie. Des réfugiés en règle ! On aura une maison à nous. Une belle petite maison qu'on va louer pour une somme raisonnable. La vie recommence, Louise, comme je te l'ai promis. Allez viens, les enfants t'attendent !

— Stop, Aurélien ! Je veux comprendre ce qui s'est passé. Comment as-tu obtenu nos papiers ? Où est Malek ?

— Comment veux-tu que je le sache, Louise ? Je me suis inquiété pour toi, pas pour ce type !

— Ce type qui m'a sauvé la vie !

— Ça suffit ! Avec tout ce qu'on est en train de traverser, je ne veux pas me disputer maintenant ! Si tu veux aller le chercher, ce chien de l'enfer, vas-y ! Tout ce que je sais, c'est que demain, on sort tous d'ici ! Et pour nos enfants, c'était l'urgence absolue !

— Chien de l'enfer ? Mais qu'est-ce qui t'arrive, Aurélien. Tu n'as pas l'habitude de parler comme ça. On ne peut pas partir d'ici sans aider Malek !

— Tu le fais exprès ! T'as pas compris ? Ils vont l'accuser de terrorisme ! Il a tué un garde. Demain matin, nous partons, un point c'est tout ! Je ne sais pas où est Malek et je m'en fous ! Ma priorité, c'est vous ! lâche Aurélien en prenant Louise par le bras pour l'emmener vers leur container.

Depuis l'un des écrans de contrôle de la tour de surveillance, Farah observe la scène. Il ne perd rien de la conversation et pressent les foudroiements à venir dans le couple. Il sait aussi qu'Aurélien – ou plutôt Chaâbane – n'a pas dit la vérité à sa femme. Au même moment, un membre de la Brigade de répression des migrants demande à voir le chef des gardes. Il vient lui apporter une petite boîte en bois.

— Qu'est-ce que c'est ? Qu'est-ce qu'il y a dans cette boîte ? demande Farah.

— Ça appartenait au traître du Croissant-Rouge. C'est tombé quand on lui a collé une balle dans la tête, dit l'homme.

Farah fait glisser le couvercle coulissant du coffret.

— Un chapelet catholique ? Tu es sûr que c'est le sien ?

— Il le portait à son cou quand je lui ai moi-même tiré dessus. Mais il ne doit pas être à lui. Selon nos informations, il s'était converti à l'islam à la mort de sa femme. On a enterré le corps dans le terrain vague en face du camp et c'est tout ce qu'il reste de lui. Mon chef m'a dit de vous le remettre.

— Tu as très bien fait, merci à toi, je crois que ce chapelet est très important… très important. Il pourrait bien nous servir plus tard, dit Farah en esquissant un sourire énigmatique.

Dans le container 232, il règne une ambiance indéfinissable. Louise est heureuse d'avoir retrouvé ses deux garçons mais son bonheur est mâtiné d'un épais vernis noir. Elle regarde par la petite fenêtre quand elle aperçoit dans l'embrasure de la lucarne la fine silhouette de Rachel.

— Rachel ! Rachel ! Je suis de retour. Vous sortez demain aussi ?

Pas de réponse. La femme d'Albert l'ignore ostensiblement.

— Mais enfin, Rachel ?! Qu'est-ce qui se passe ? Après tout ce qui m'est arrivé, je croyais que tu serais inquiète ? Pourquoi cette attitude ?

Toujours rien. Rachel rebrousse chemin et rentre dans son container. À l'évidence, il s'est passé quelque chose en son absence, pense Louise. Elle se tourne vers Aurélien.

— Qu'est-ce que tu me caches ? Pourquoi Rachel ne veut plus me parler ? Qu'est-ce qui s'est passé ?

— Décidément...

— Si tu ne me caches rien, alors allons voir les Zaoui pour les saluer avant notre sortie demain, lance-t-elle sur un ton bravache.

— Pas question !

— Et pourquoi ça ?

— Tu veux vraiment tout savoir ?

— Oui, Aurélien, je veux tout savoir !

— Tes amis, les Zaoui, étaient prêts à te laisser croupir en prison. Voilà la vérité crue ! Albert n'a pas voulu venir avec moi pour parler à Farah et tenter de te sauver. J'y suis allé seul et j'ai négocié notre survie. Tu entends, Louise ? Notre survie !

— En échange de quoi ? En échange de quoi as-tu négocié ma libération, nos papiers et une maison ?

— Je serai le médecin du camp. Je vais travailler pour eux tous les jours. Je vais m'occuper des enfants ici. Ça nous permettra de payer le loyer, de vivre normalement et d'envoyer les enfants à l'école.

— C'est tout ? C'est ça qu'ils t'ont demandé en échange ?

— Mais qu'est-ce qu'il te faut de plus ? Enfin, je ne suis pas ton ennemi, je suis ton mari. Ce n'est pas ma faute si Malek a tiré sur un garde. Ce n'est pas ma faute s'ils l'ont jeté en prison, dit Aurélien en écartant les bras en signe de fatalité.

— Bien sûr que si c'est notre faute ! Il a pris des risques pour nous. Pour moi. On doit l'aider ! Je ne sais plus qui croire. Le camp bruisse de rumeurs contradictoires...

— Tu dois me croire ! De toute façon, il va bien, il s'en sortira !

— Quoi ? Qu'est-ce que tu dis ? Mais comment tu le sais ?

— J'ai demandé de ses nouvelles, lance Aurélien en ravalant péniblement sa salive.

— Et ? Et ? Alors ? s'impatiente Louise en le dévisageant.

— Il... il va bien. Il aura un procès. Il pourra se défendre. Tu sais, je suis assez proche de Farah, le chef des gardes. Si on entretient de bonnes relations avec lui, il nous laissera peut-être rendre visite à Malek. Farah et le patron de la Brigade de répression des migrants travaillent ensemble, donc, je vais faire en sorte qu'il soit bien traité en attendant la première audience de son procès. Je te promets qu'il pourra se défendre.

Louise tente de lire le fond de l'âme de son mari. Peut-elle encore le croire ? s'interroge-t-elle.

— Je te le jure, Louise, on ira le voir en prison. Je vais tout faire pour le sortir de là mais d'abord, tu dois penser à nous, à nos enfants, à notre famille. On doit préparer notre sortie demain. C'est un grand jour ! Un grand jour pour nous.

29

Soulagée, Louise baisse sa garde et s'installe sur le lit. Elle pense au regard de Malek, si intense, si vert. Aurélien, au contraire, n'est pas fier de lui. Mais, épuisé par une nuit blanche, il est prêt à tout pour un moment de répit. Il sait qu'il ne pourra jamais avouer la vérité à sa femme. Il a fait tuer un homme pour la sauver. Il s'est converti pour lui éviter la prison. Il s'enfonce dans son mensonge comme on s'engouffre sur un chemin boueux. Louise dépose un baiser religieux sur le front de ses garçons. La famille Dubreuil est sur le point de s'endormir. Quelques mètres plus loin, dans le container 245, Albert et Rachel ont l'impression de vivre au bord d'un abîme.

— Comment va-t-on faire maintenant ?

— Tu as fait le bon choix ! Se convertir à l'islam ? Jamais, jamais je ne renierai ma religion et ma culture. Albert, je t'assure, tu as fait le bon choix. Je préfère encore vivre dépouillée de tout. Notre religion, c'est notre vraie richesse, dit-elle pour le rassurer et se rassurer aussi.

— Je sais, Rachel... Je sais... Mais qu'est-ce qu'on va devenir ? Les Dubreuil vont sortir demain et nous, on va rester là ! En réalité, le choix c'est : se convertir ou mourir. Et si Aurélien avait fait le bon choix ?

— Aurélien est un vendu. Il est prêt à tout. À tout, tu m'entends, Albert ? Tu as la conscience tranquille, mon chéri. Ça n'a pas de prix ! Notre judaïté, c'est la résidence de notre âme. Ensemble, on a la force d'une prière.

— Tu as raison, Rachel, mais je ne peux pas m'empêcher de penser qu'on aurait pu sortir d'ici et nous aussi avoir droit à une nouvelle vie. Tu vois, à un moment, j'ai vraiment hésité...

— Quoi ?

— Si on réfléchit, est-ce que les juifs et les musulmans sont si éloignés que ça ? Au fond, est-ce que le Dieu unique du judaïsme, du christianisme et de l'islam n'est pas le même Dieu ?

— Mais tu es devenu fou, ma parole !

— Rachel, je te parle sérieusement.

— Le judaïsme, c'est la religion de l'interprétation permanente, du débat contradictoire, ça n'a strictement rien à voir ! Je crois que tu es très fatigué et que tu commences à dire vraiment n'importe quoi.

Il sait qu'il fait face à un mur infranchissable. Même si Rachel n'est pas pratiquante, sa judaïté fait partie intégrante de son identité. Autant demander à sa femme de s'amputer d'un membre en lui parlant de conversion à l'islam. Pourtant, il ne peut s'empêcher de penser à tous ces ponts entre juifs et musulmans. Tout au long de l'Histoire, la chrétienté n'a-t-elle pas été plus cruelle avec les juifs que ne l'a été le monde musulman ? s'interroge-t-il. Albert plonge dans ses souvenirs des récits du Moyen Âge, lorsque les juifs furent exclus de la société au moment où Urbain II a appelé les chrétiens à partir en croisade lors du concile de Clermont. À partir de 1095, des chrétiens vont massacrer des juifs et les forcer à se baptiser. L'escalade de la persécution semble alors sans limites. Les violences commises par les premiers croisés relèvent de la barbarie. Face aux pires exactions, certains juifs ont choisi le suicide. La haine des premiers croisés va grandissant.

אָמְרוּ--לְכוּ, וְנַכְחִידֵם מִגּוֹי ; וְלֹא-יִזָּכֵר שֵׁם-יִשְׂרָאֵל עוֹד « *Allons, rayons-les du nombre des nations ; que le nom d'Israël ne soit plus mentionné !... Emparons-nous des demeures de Dieu !* » Psaume 83, 5.13.

— Mais à quoi tu penses, Albert ? Je te dis que tu as fait le bon choix. On va résister. On va y arriver. Il n'y a aucune autre alternative ! Jamais je ne ferai semblant de me convertir à l'islam, même si à la clé on nous promet des papiers et la sortie du camp ! Jamais, tu m'entends ?

— Je sais, Rachel... Je sais... Mais je suis perplexe. En tant que père de famille, je dois vous protéger, dit-il d'une voix éraillée.

— Nous protéger de ce que le Coran promet aux juifs, Albert ! Le Coran est une des sources de l'antisémitisme.

— Je suis moins catégorique que toi. Ta vision est trop sombre.

— Trop sombre ? Mais je ne te reconnais plus ? Qu'est-ce qui se passe enfin ? Tu veux que je te rappelle les hadiths[1]

1. Recueil des paroles et des actes du prophète Mahomet.

à ce sujet ? Et en particulier celui des pierres et des arbres ? Dans ce hadith, il est dit que lors du Jugement dernier, les juifs devront se cacher derrière les arbres et les prières car ils seront tous tués !

— Rachel, ce n'est pas le moment pour un débat théologique ! Il faut qu'on s'en sorte, c'est tout ! On est en Djalmanie maintenant et c'est un pays musulman ! Tu connais le dicton : « À Rome, fais comme les Romains ! »

— Et donc ? Tu veux que je me soumette, c'est ça ? Le Coran dit que les juifs doivent être humiliés ! Tu veux être humilié, Albert ? C'est ça ?

— Est-ce qu'on peut avoir une discussion raisonnable ? Tu sais bien que je ne suis pas homme à me soumettre. Je veux juste te dire que cette hostilité envers les juifs est très ancienne. Nous sommes considérés comme des ennemis parce qu'on a été les premiers à exprimer la vérité sur le monothéisme. Et c'est pour ça, à cause de cette supériorité, que les musulmans nous en veulent ! Pour le Coran, on a perverti le message divin ! Sur tous ces points, tu as raison. Mille fois raison. Mais aujourd'hui, alors que le conflit israélo-palestinien n'est toujours pas résolu, tu ne crois pas qu'il faille faire des gestes ? Des gestes des deux côtés. Je ne parle pas de conversion, bien sûr, mais il faut communiquer, se rapprocher.

— Tu ne te rends pas compte que l'islam se sentira toujours menacé. L'existence même d'un État hébreu est une anomalie pour les musulmans, même chez les plus modérés qui ne l'avouent pas publiquement. L'Histoire est tragique. Et elle se répète. La haine envers les juifs ne disparaîtra jamais ! Jamais, Albert ! Même si tu te convertis, tu seras un traître à leurs yeux. Ils te considéreront comme un étranger qui refuse de se soumettre à la vérité. Et puis je vais te dire… islam et islamisme, c'est exactement la même chose. Le musulman hait le juif ! hurle-t-elle sur le ton de la certitude.

— Chut ! Parle moins fort, Rachel ! Je ne suis pas d'accord ! Islam et islamisme, ça n'a rien à voir… Les gardes vont se sentir insultés !

— Eh bien, c'est le cas ! J'en ai marre de toutes ces précautions ! Tu veux entendre la vérité ? Dis-moi qui Hitler a convié à Berlin pendant la guerre ?

— Mais qu'est-ce qui te prend ? Tu es folle ou quoi ?

— Ah non, pas folle du tout, mais lucide ! C'est le grand mufti de Jérusalem et le dirigeant du mouvement national arabe palestinien Hadj Amin al-Husseini qui ont été les invités d'honneur des nazis ! Et Himmler a souhaité beaucoup de succès au grand mufti dans son combat contre « le juif étranger ». La voilà, la vérité ! La vérité nue, puante ! La haine du juif est toujours présente.

— Rachel ! Rachel ! Je t'en prie ! Arrête !

— Pas question d'arrêter ! Et tu sais que…

Silencieuse depuis le début de la conversation, Julie interrompt sa mère :

— Qu'est-ce que tu vas dire encore, Maman ? Hein ? Que l'Histoire se répète ? Que Papa peut avoir la conscience tranquille ? Ça nous fait une belle jambe ! On aurait pu sortir demain de ce foutu camp et à cause de vous, on va rester enfermés ! J'en ai vraiment marre ! Je vais faire un tour, lance l'adolescente folle de rage.

— Tu ne vas nulle part. Tu ne bouges pas d'ici. Tu as vu l'heure ? C'est le couvre-feu, dit Albert en prenant sa voix la plus grave.

La porte du container claque. Julie marche d'un pas rapide et nerveux.

— من هنا؟ ليس لك الحق (« Qui va là ? C'est interdit ! »), lance un jeune garde posté à proximité du container des Zaoui.

Julie rebrousse chemin. Elle réalise à cet instant qu'elle a perdu tout ce qui faisait sa vie d'avant. Toutes ces petites choses qui structuraient son existence d'adolescente.

Elle ne retrouvera plus ses copines après l'école. Elle n'ira plus au cinéma avec son petit ami. Elle ne changera plus de couleur de cheveux aussi souvent qu'elle le souhaite. Elle ne commandera plus la dernière paire de baskets pour impressionner la galerie. Elle ne testera plus le tout nouveau gloss qui rend les lèvres jusque trois fois plus pulpeuses. Et surtout, elle n'est plus libre de ses mouvements. Une colère sourde gronde en elle. Julie est prête à en découdre avec ses parents.

— Je ne resterai pas une nuit de plus dans cette cage ! Je vous préviens, pas question de croupir dans ce foutu camp ! C'est de la torture, crie la jeune fille en poussant violemment la porte.

— De la torture ? lance Rachel en durcissant la voix.

— Oui ! Comme dans les camps d'avant ! renchérit Julie.

— Mais comment tu oses dire des choses comme ça ? Nous sommes dans un centre de rétention pour réfugiés en attendant nos papiers !

— C'est ça, oui ! Et quand est-ce qu'on va pouvoir sortir, hein ? Tu le sais toi, Maman ? dit-elle d'un ton suffisant.

— Ce que je sais, c'est que tu es en train de salir la mémoire de ta famille qui a souffert dans les camps de l'enfer. Que la cousine de ta grand-mère a été contrainte de sucer des brins d'herbe pour survivre ! Tu entends ? Des brins d'herbe et de la terre ! Puis, il a fallu des années pour que sa parole de déportée soit entendue, comprise, admise... Tu... Tu n'as pas le droit de parler comme ça ! Tu ne peux pas parler comme ça ! Pas toi, pas nous, pas une Zaoui !

Souffle coupé, respiration saccadée, Rachel s'écroule sur son lit. Albert se tient la tête entre les mains. Le doute s'infiltre par tous les pores de sa peau. Julie se recroqueville dans son coin. Des minutes perdues défilent. Le soir erre puis s'engouffre par la petite fenêtre du container 245. La nuit est silencieuse, telle une armée de l'ombre prête à les attaquer. Albert croit entendre des ordres chuchotés. Il distingue à présent une masse inquiétante.

En écarquillant les yeux, il voit au-dehors une armée de chevaliers et de fantassins. La clameur s'approche. Un essaim de flèches se dirige vers lui. La menace est à quelques mètres du container. La famille Zaoui est assiégée. La mort dans l'âme, Albert comprend qu'il n'a d'autre choix que de capituler et d'ordonner la retraite. Pas question d'engager un corps-à-corps perdu d'avance. Brusquement, il se réveille en sursaut. Cela n'était qu'un cauchemar. Les images semblaient pourtant si réelles. Aussitôt, le nuage de combattants féroces disparaît et laisse place à un drôle d'engin. Il pèse neuf cents grammes et dispose d'une autonomie de plus de vingt heures. Son nom : DJI AIR 6. Ce drone dernière génération dispose de cinq caméras pour épier les migrants jusque dans leurs rêves. Au-dessus du camp, ce drôle de surveillant général veille au calme.

Vu du ciel, tout est suspect. Même une prière qui s'élève vers Dieu.

30

Des navires de migrants européens continuent d'affluer sur les côtes sud de la Méditerranée. De temps en temps, on déplore sur les ondes des radios nationales, sous forme de brèves, le naufrage de chalutiers vétustes emportant avec lui un bouquet d'âmes brusquement avalé.

Les réfugiés morts ont rêvé, espéré, prié, puis désespéré et disparu sous une brume crémeuse. Les nuages sont rageurs mais, comme les populations locales, ils finissent par être indifférents à la répétition du spectacle. Même le Vatican ne trouve plus les mots. Les déclarations de Sa Sainteté le pape Pietro Parolin se suivent et se ressemblent. Repris par les agences de presse du monde entier, voici le dernier texte officiel en date : « Aujourd'hui résonne la mélodie des cœurs disparus. Une nouvelle fois. Encore un drame. De trop lourdes pierres pèsent sur les espérances de l'humanité. J'appelle les pays du Maghreb à la charité. La charité n'est pas un vain mot. Nous ne pouvons plus assister aux tragédies des naufrages provoqués par des trafics odieux et le poison de l'indifférence. L'indifférence devient un totalitarisme. Les personnes qui risquent de se noyer en Méditerranée doivent être secourues. Frères et sœurs, nos pensées vont aux victimes européennes et en premier lieu, aux enfants. Combien de souffrance dans leurs yeux depuis le déclenchement des hostilités ? Pourquoi cette guerre ? Pourquoi tant de morts et de destructions ? Je le dis au président russe M. Babotchkine, la guerre est une infamie. Ne laissons pas les vents mauvais de ce conflit ronger notre continent. La paix ne se construit pas avec des avions et des canons, mais en ouvrant les cœurs et en réfléchissant à des compromis. L'histoire nous appelle à un sursaut de conscience pour éviter un naufrage de civilisation. Frères et sœurs, Jésus-Christ est ressuscité et Lui seul est capable d'ôter une à une les pierres qui entravent le chemin vers l'espérance. Lui-même, le Vivant, est la Voie. Que le Ressuscité assiste le peuple européen afin que les violences qui ensanglantent nos contrées cessent au plus vite. Frères et sœurs, j'exhorte ceux et celles qui exercent de hautes fonctions politiques à choisir la paix et la vie. Que le Seigneur console les familles endeuillées. Que la lumière de la résurrection illumine nos esprits et convertisse les cœurs en faisant prendre conscience que toute vie humaine doit être secourue, accueillie et protégée. Chaque être humain est aimé et voulu par Dieu pour lui-même. Je prie pour vous et je veux demander à Dieu notre Père de vous accompagner et de vous bénir en vous donnant cette force qui nous aide à avancer : l'espérance. »

Des prières et des mots, toujours les mêmes, pour les engloutis en mer.

Les rares survivants sont acheminés vers le centre de Ras Abyad. Couvertures sur le dos, ils tentent de réchauffer leurs mains abîmées au-dessus d'un feu de camp provisoire.

À quelques mètres de là, dans son container, la famille Dubreuil se prépare. Elle a rendez-vous avec Farah pour la remise de leurs papiers. Le droit d'asile leur a été accordé comme prévu par l'article 26 de la Constitution djalmanienne. Depuis les déclarations très agressives du président Abassi à l'égard des migrants occidentaux, ce statut est délivré au compte-gouttes. Plusieurs voix ont dénoncé sans succès le non-respect de la dignité humaine et une protection insuffisante des droits et de la dignité des réfugiés. Malgré ces tensions, Aurélien est confiant. Le marché qu'il a conclu avec Farah est en passe de se réaliser. Dans quelques heures, sa famille sera libre et en sécurité. Il va enfin réaliser son rêve de vivre en paix en terre d'islam, loin des bombardements russes et de la guerre civile en France.

— Allez, les enfants, c'est un grand jour ! Ce soir, on va dormir dans notre nouvelle maison, dit-il sur un ton enjoué.

Le docteur est d'humeur à entamer une conversation avec un bloc de ciel bleu. Il est tellement heureux qu'il décèle de la beauté partout. Le bonheur est juste de l'autre côté du mur de barbelés, derrière les amas de béton et les fumées toxiques des feux de fortune allumés par les migrants. L'issue est si proche. La délivrance est à portée de main. Aurélien en a presque oublié les conditions du deal avec Farah. Il a oublié sa conversion à l'islam. Oublié le sacrifice de Malek. Oublié tous les pièges sur le chemin de la liberté. Plus rien ne compte que la sérénité bientôt retrouvée. Terrible piège que celui de la suffisance.

Aurélien pense avoir vaincu alors que le combat n'a même pas encore commencé. Il ne se doute de rien.

Il ne voit pas l'ombre noire qui plane sur son destin. Il ne perçoit pas l'éclat de l'épée qui s'élève haut pour mieux s'abattre sur sa nuque le moment venu. Il ne se rend pas compte de la ronde des mouches autour de sa vie décomposée.

Au-dessus du minuscule lavabo du container, dans un morceau de miroir brisé, il se regarde satisfait tout en se rasant. Louise range méthodiquement les vêtements des garçons. Il y a tant de grâce dans son geste de mère quand elle plie les affaires de son petit Mattéo, comme on caresse les pétales d'un coquelicot en se retenant de le cueillir.

— Je vais aller récupérer nos papiers et je reviens vite vous chercher. Et puis, ce sera la liberté !

— Tu ne veux pas qu'on t'accompagne ?

— Non, non. J'ai... J'ai de petites choses à régler avec Farah.

— Quel genre de choses ?

— Des détails. Je dois voir avec lui les horaires de mes consultations, les jours de congé. Je suis le nouveau docteur du camp désormais !

— Et pour Malek ? Tu as promis de lui en parler !

— Bien sûr. Bien sûr. Je reviens, je vais lui demander des nouvelles à son sujet. Je règle tout et je viens vous chercher pour sortir d'ici, dit Aurélien en ouvrant la porte par laquelle s'engouffrent les aboiements des chiens qui errent dans le camp.

Dehors, la fine pluie de la nuit a transformé la terre en boue. Des enfants se faufilent entre les containers.

Ils jouent à la guerre en s'abritant derrière des blocs de parpaing carbonisés et un tas de broyat de vieux bois en paillage. Des femmes voilées distribuent de l'huile et des vivres disposés sur un grand tapis vert en caoutchouc. De nombreux graffitis recouvrent les murs. « Liberté pour les réfugiés ! » « Fuck la guerre ! » « Djalmanie dictature ! » Aurélien marche d'un pas assuré en humant des odeurs familières. Maintes fois, il avait considéré le camp comme une prison et aujourd'hui, il ressent l'étrange sensation d'être chez lui, non loin du seuil de sa maison.

On dirait la déambulation d'un guerrier impétueux de retour du champ de bataille, impatient de s'endormir sur l'épaisse et confortable couche royale. Tout semble de nouveau lui sourire. Une énergie inépuisable monte en lui. Il ne lui reste que quelques mètres à parcourir avant d'arriver à la tour de surveillance du camp.

Il enjambe un tas de branchages humides, toque énergiquement à la porte et entre en triomphateur.

À l'intérieur, assis dans son fauteuil rond capitonné, Farah jouit de son pouvoir. Un sourire satisfait s'étale sur son visage boursouflé et veiné de bleu. Ses petits doigts tapotent sur la boîte en bois naturel qui contient le chapelet ensanglanté de Malek.

— Viens, docteur ! Viens, ne crains rien ! Tu sais quel jour on est aujourd'hui ?

— Jeudi, je crois...

— Et demain ?

— Eh bien, vendredi !

— Bravo, docteur ! *Hamdulillah !* Tu sais que c'est le jour le plus important pour les musulmans ? Demain, avant midi, on va aller tous les deux à la mosquée de Ras Abyad pour écouter le sermon de l'imam. Un hadith du prophète Mahomet صلى الله عليه وسلم dit que le meilleur jour, aux yeux de Dieu, c'est le vendredi, jour de congrégation. Et je vais t'apprendre à prier, front contre terre. Tout va changer pour toi. Tu vas plonger dans un univers de lumière et de spiritualité, comme on plonge dans une fontaine de miel. C'est la seule façon de connaître l'extase. Tu vas abandonner l'idolâtrie qui est une hérésie. La prière est un acte d'adoration. Mais attention, il faudra que tu sois concentré. Tout ton esprit doit être consacré à ce dialogue avec Allah. Tu vas te prosterner pour demander des choses à ton Seigneur en te dirigeant vers la qibla, vers La Mecque. Cet entretien avec le divin, c'est ta porte d'entrée au paradis. Alors, tu es heureux de m'accompagner demain ?

— Mais... mais... je ne peux pas. On sort du camp aujourd'hui avec ma famille.

Aurélien voit soudain un essaim de cavaliers noirs surgir des ténèbres. Galvanisés par la promesse d'un paradis, lourdement équipés tels des cataphractaires, ils chevauchent dans sa direction. On dirait une nuée de moucherons aux ordres du chef des gardes. Est-ce un mauvais rêve ? Ce jour qui devait être celui de la libération se transforme en cauchemar. Des oiseaux de proie rôdent. Farah ne lui aura rien épargné.

— Calme-toi, calme-toi. Tu verras combien la voix enveloppante et profonde du muezzin te fera du bien !

— Mais je veux sortir comme prévu ! Je veux sortir avec ma famille !

— Vous allez sortir, ne t'inquiète pas. Tes papiers sont prêts. Ta maison est à trois kilomètres du camp. Il y a une école à côté pour tes garçons. Tu vois, docteur, tout est facile grâce à moi ! Tu viendras ici tous les jours pour soigner les enfants. C'est une bénédiction. Mais tu es désormais un converti, un vrai décroisé et tu dois donc faire ton devoir de musulman. Tu t'appelles Chaâbane maintenant, dit Farah en lui remettant avec beaucoup de solennité un dossier contenant quatre titres de séjour avec la mention « statut : réfugié ».

Aurélien se saisit avec fébrilité des fameux sésames. Ils représentent les laissez-passer pour une nouvelle vie.

— Merci ! Merci... Ma famille va enfin pouvoir sortir. Mais... Il faut que je vous demande quelque chose...

— Je t'écoute, Chaâbane.

— Euh... Justement... Vous ne pouvez plus m'appeler Chaâbane.

— D'accord, Chaâbane.

— S'il vous plaît, je suis très sérieux. C'est important... Vous ne pouvez pas m'appeler Chaâbane devant ma femme, s'il vous plaît.

— Comment ça, Chaâbane ? Tu n'as pas dit la vérité à ta femme ? interroge Farah sur un ton sarcastique.

— Ça doit rester entre nous, supplie Aurélien tout tremblant, la chemise collée de sueur.

— Pas d'inquiétude, docteur. Je ne dirai rien. Rien de rien. Alors comme ça tu as peur de ta femme ? Tu es comme ton président, le pleutre François Bernard, soumis au patron de l'Union européenne, Jünger Wissing, quel collabo celui-là ! La France a vendu son âme. Elle est où la France du général de Gaulle ? C'est un Allemand à la tête de l'Europe qui dirige tout et vous envoie droit dans le mur ! Les peuples faibles finissent toujours par disparaître. Toujours. Il ne faut pas écouter ta femme, docteur !

Son corps est secoué par un rire compulsif. Farah se délecte de la situation.

— Pou... pourquoi vous me faites ça ? interroge Aurélien, angoissé.

— Chaâbane, il faut arrêter de te plaindre ! Je te dis de ne pas t'inquiéter. Je ne vais pas parler à ta femme. Mais elle doit respecter son mari.

— Elle me respecte... Le problème, c'est... c'est qu'elle est attachée à sa religion, à sa culture, à sa civilisation. Je ne peux pas lui dire que... que... que je suis devenu...

— Musulman ! C'est ça, docteur ? Elle ne peut pas entendre que tu es devenu musulman ? Ta femme croit qu'elle appartient à une civilisation qui existe encore, mais la réalité, c'est que votre culture est un champ de ruines... Tu es un décroisé maintenant. Si les croisés avaient pour mission de sauver la ville sainte des mains des musulmans, les décroisés vont faire l'inverse en réislamisant le monde. Ta responsabilité est lourde. La réislamisation doit passer par toi, Chaâbane. Tu vas incarner le croissant et tu vas lâcher la croix. Là où l'islam s'installe, il ne part plus. Tu seras notre Saladin qui a repris Jérusalem aux Francs, aux croisés ! Tu dois remettre sur le droit chemin les âmes perdues. Tu dois les soumettre docilement. Tu dois leur expliquer que les musulmans sont les libérateurs ! Tu seras l'unificateur ! Tu te rends compte de ton destin ? Tu vas de nouveau faire résonner le nom de Saladin ! C'est un djihad mondial qui passe par les esprits.

— Quoi ? Je ne comprends rien. Qu'est-ce que vous attendez de moi au juste ? Je vous ai livré Malek, j'ai rempli ma part du contrat. Pourquoi vous ne me laissez pas tranquille ? Je ne suis qu'un simple pédiatre, moi. Je soigne des enfants. Je ne suis pas un soldat, je ne suis pas un guerrier ! Je ne suis pas Saladin ! Vraiment, je ne comprends rien à vos histoires de décroisés, tonne Aurélien, incrédule.

L'espoir d'un exil serein file à présent comme du sable entre les doigts.

31

Farah se cale contre le dossier du fauteuil et entame son récit.

— Écoute bien, Chaâbane. Salah al-Din Yusuf Ibn Ayyub, plus connu sous le nom de Saladin, a permis aux musulmans de reprendre la ville sainte après quatre-vingt-dix-huit ans aux mains des Francs. Cet acte fondateur signe la revanche sur la première croisade en 1099. C'était quelqu'un de magnanime, de gracieux, qui rendait justice aux plus faibles et aux plus démunis. Chaque lundi et jeudi, il présidait une assemblée générale en présence de juges et de savants, où il accueillait toutes les parties aux différents conflits en leur donnant équitablement la parole. Il a rendu leur fierté aux Arabes et a enflammé le cœur des musulmans. Dieu l'a toujours protégé. La lame de son sabre incrusté d'or était aussi redoutable que la parole foudroyante du Prophète. À son passage, les habitants de tous les villages s'inclinaient en signe de dévouement au sultan.

Farah s'extasie :

— Le 2 octobre 1187 est une grande date ! Jérusalem a abdiqué. C'est la chute du royaume chrétien de la ville. Tout le monde festoie. La croix de la Coupole du Rocher est enlevée. Le sultan se montre clément envers les prisonniers. Parmi les détenus, installé dans la tente voisine de celle de Saladin, le commandant des soldats français sera particulièrement bien traité avant son renvoi à Damas dans le but de lui garantir un voyage dans de bonnes conditions.

Farah se redresse brusquement dans son fauteuil. Il marque une courte pause avant d'énoncer, d'un air pénétré, la phrase de Saladin au souverain sans envergure, Gui de Lusignan : « Un roi ne tue pas un roi. » Puis il poursuit son récit en expliquant à Aurélien combien cette magnanimité est une vertu cardinale.

— Tu as compris, Chaâbane ?

Aurélien ne sait pas quoi dire. Le feu court dans ses veines. Un éclair d'angoisse parcourt son long visage anguleux.

— Lève la tête et sois fier de ta nouvelle histoire ! Tu te rends compte de ce que je t'ai dit ? Dès qu'il arrive aux portes de Jérusalem, Saladin va autoriser les chrétiens d'Orient à rester ! C'est un seigneur ! Un vrai de vrai ! Il va même accorder à tous les habitants la possibilité de partir à la condition de payer un tribut. Et pour les juifs, il leur permet de revenir dans la vieille ville et il va même reconnaître leurs droits. Seuls les Francs seront chassés. Ensuite, il va purifier la mosquée al-Aqsa à l'encens et à l'eau de rose. Bien plus tard, à sa mort, les Mamelouks vont poursuivre son œuvre. Et jamais, tu m'entends ? Jamais, les chevaliers du Christ ne pourront plus reprendre la ville. La victoire de Hattin, c'est la plus belle des victoires pour nous, musulmans, et la plus cuisante des défaites pour la chrétienté. Il y aura, plus tard, une troisième croisade menée par Richard Cœur de Lion mais elle sera un échec !

Les yeux de Farah brûlent d'une fièvre inquiétante. Ses poings se serrent. Il vibre en racontant l'épopée de Saladin dont l'autorité s'est exercée sur l'Égypte et la Syrie. Aurélien a l'impression de voir flotter les couleurs de l'étendard du sultan au-dessus des murailles de Jérusalem. Il perçoit à présent le fracas des boulets et le galop de l'armée ennemie. La ville est cernée par les musulmans. Bientôt, il ne restera plus aucune croix d'origine latine. Le sang chrétien s'apprête à couler. La résistance faiblit. Les conditions de la reddition sont organisées. Désormais, toute espérance est vaine. Il ne reste plus qu'à attendre le grand vainqueur sur son cheval élégamment tressé. Farah reprend son récit en décrivant la silhouette auréolée de gloire de Saladin. Le chef des gardes raconte comment il est devenu le défenseur de l'islam et l'unificateur des Arabes. Il insiste aussi sur le rituel de purification des lieux de culte. Invocations et bénédictions précèdent la lecture des versets du Coran.

« L'appel à la prière fut clamé tandis que la cloche se taisait. » Cette phrase prêtée à l'écrivain musulman Imad al-Din al-Isfahani décrit le sens symbolique de la purification de la mosquée al-Aqsa. Farah a élevé la voix en la prononçant.

— Tu es notre Saladin, Chaâbane ! Tu vas purifier les lieux de culte en Occident, convertir les infidèles, au moins dans les esprits. Saint Louis avait le port d'Aigues-Mortes et toi, tu auras celui de Ras Abyad ! Dans quelque temps, tu partiras d'ici vers l'Occident ! C'est ça notre plan pour toi dès la fin de la guerre en Europe. Mais pour le moment, tu es le docteur du camp. Tu ne dis rien à ta femme et tu fais semblant de vivre normalement, tranquillement, sans faire de problèmes. Allez, il est l'heure. Une voiture t'attend devant les grilles du camp. Tu reviendras ici demain à midi pour la prière du vendredi. Tu peux y aller maintenant, dit le chef des gardes en lui glissant dans la poche la petite boîte en bois.

— Qu'est-ce que c'est ?

— Un souvenir. Tu l'ouvriras plus tard. Allez, pars, lance Farah sur un ton qui annonce un orage.

— Je vais chercher ma famille et on s'en va ! Je... J'espère que tout ira bien...

— Allez, allez, répète Farah en accompagnant sa parole d'un geste de la main dédaigneux.

— Mais... Mais, tout ira bien pour moi ? Je dois avoir quelques garanties...

— Sois un bon musulman et tout se passera bien, Chaâbane. Tu es d'abord un serviteur d'Allah. Et n'oublie pas : je t'ai sorti du camp aussi vite que je peux t'y ramener. Un chien n'aboie jamais sur son maître. Sauf s'il est enragé. Et tu sais ce qui arrive aux chiens enragés en Djalmanie... alors, sois un bon musulman.

— Je ne comprends pas tout... Ça consiste en quoi exactement ce que vous me demandez ?

— Je vais à nouveau te raconter une histoire. C'est un conte du grand maître spirituel Djalâl al-Dîn Rûmî. Il était une fois à Bagdad un riche négociant qui menait grand train avec sa famille. Le marchand possédait un perroquet bavard et intelligent qu'il gardait jalousement dans une cage dorée. L'animal venait d'une contrée peu connue nichée dans les montagnes d'Inde. Un jour, son maître, qui devait partir pour un voyage d'affaires dans ce pays, lui demanda ce qu'il désirait plus que tout au monde. Sans réfléchir, le perroquet répondit : « Ma liberté ! Je veux sortir de cette cage dorée dans laquelle je suis enfermé. » Le marchand lui rétorqua que c'était impossible et qu'il lui appartenait. « Dans ce cas, je veux que tu ailles voir ma famille qui habite là-bas, dans une forêt, et que tu l'informes de ma situation », lâcha le perroquet. Une fois sur place, le négociant alla à la rencontre des cousins de son compagnon en cage. S'adressant à un groupe d'oiseaux aux couleurs lumineuses, il dit ceci : « Dans ma maison, en Iran, je possède un très beau perroquet qui a les mêmes couleurs que vous. Il fait partie de votre famille et m'a chargé de vous transmettre ce message : il veut que vous sachiez qu'il habite une cage dorée. » Aussitôt sa phrase finie, il vit un perroquet tomber inanimé au sol. Le marchand le supposa mort de chagrin en apprenant que son cousin vivait en cage. De retour d'Inde, le négociant raconta le triste épisode à son perroquet. Aussitôt sa phrase finie, son oiseau adoré tomba inanimé dans la cage. Effondré, l'homme ouvrit la cage et déposa son compagnon autrefois captif dans un coin de son jardin. Aussitôt, le perroquet prit son envol et alla se poser sur un mur à plusieurs mètres du marchand. Interloqué, ce dernier lui dit : « Mais, mon cher perroquet, tu es vivant ?! Pourquoi toute cette comédie ? Pourquoi me faire ça ? Reviens maintenant dans ta si jolie cage dorée. » Le perroquet refuse et lui explique le stratagème qui a été mis en place. « Par ton entremise, j'ai envoyé un message à ma famille, disant que j'étais prisonnier et triste. Et toi, sans le savoir, tu m'as donné la solution à mon problème : mon cousin m'a fait comprendre qu'il fallait que je me fasse passer pour mort pour enfin retrouver la liberté. Il m'a fait comprendre que tous les bavardages ne servent à rien. Ainsi, il m'a fait libérer afin que je vive sans barreaux avant que la vraie mort advienne. Et maintenant, je te dis adieu. »

« Tu vois, Chaâbane, c'est ainsi qu'il faudra agir. Tu dois faire le mort, obéir, pour un jour espérer recouvrer ta liberté. Sauf que je ne suis pas aussi idiot que le maître du perroquet et que je ne te laisserai pas sortir de ta cage dorée. Ne l'oublie pas. Tu m'appartiens. Ta liberté m'appartient. Va maintenant. Va annoncer la bonne nouvelle à ta famille. Vous pouvez sortir du camp.

Aurélien est sonné. Ses pas lourds l'écrasent au sol, il doit se donner du courage pour avancer. Le chemin qui le sépare du container 232 lui semble interminable. Devant la porte, Louise l'attend avec Mattéo et Mathieu.

— C'est bon ? Tu as les papiers ? Pourquoi fais-tu cette tête ?

— Ça va, ça va. J'ai tout ce qu'il faut. Une voiture nous attend devant les grilles. Allons-y vite.

— Tu as demandé de ses nouvelles ?

— Hein ?

— Malek ? Tu as demandé de ses nouvelles ?

— Euh... Oui, oui, Louise. Il... il va bien, a dit Farah. Un avocat va venir le voir. Ça va aller pour lui. Allez, on va s'occuper de nous maintenant...

— Mais il est où ?

— J'en sais rien moi ! Tu crois que le chef des gardes va me dire où il se trouve. Je sais juste qu'il n'est pas en danger. Vite, on avance, allez, les garçons !

— Container 232 ! hurle un gardien.

32

Les Dubreuil s'arrêtent devant la grille. Le haut-parleur crache l'ordre d'ouvrir l'imposante porte du camp parcourue de fils barbelés. Louise serre les dents. Elle craint qu'un incident vienne tout stopper avant leur libération. La famille avance d'un pas égal. Une voiture de police les attend. Le ciel semble plus bleu de ce côté-ci du mur. La main de Mattéo serre de plus en plus fort celle de sa mère. Une joie claire monte dans ses yeux de marbre noir. De la banquette arrière du véhicule, les Dubreuil regardent les rues défiler. Foule grouillante aspirée par son quotidien. Circulation infernale dans le centre-ville de Ras Abyad. Le conducteur crie et insulte en arabe un homme qui zigzague devant lui sur une motocyclette branlante. Louise scrute les panneaux pour tenter de se repérer. Soudain, la voiture s'immobilise net devant une bâtisse blanche sans charme. La jeune femme ne s'attendait pas à autre chose. Qu'ils sont loin ses rêves de palais des *Mille et Une Nuits* agrémentés de moucharabiehs délicatement ouvragés.

Elle aimerait tant plonger ses mains dans une vasque d'eau cristalline parfumée à la fleur d'oranger et au jasmin. Dans de grandes villas dallées de marbre rose entre le Jourdain et les hauteurs du Golan, elle s'imagine rencontrer les plus hauts dignitaires arabes de haut lignage aux turbans chamarrés. Parmi eux, Malek s'avance dans un habit de velours chatoyant pour lui offrir un flacon aux effluves sensuels d'Orient. Tout autour, des musiciens et des danseurs d'une autre époque se déhanchent au son des ouds et des derboukas sur de larges tapis de soie. Des jarres remplies de pétales de rose forment une haie d'honneur. Dans toutes les pièces, des miroirs bordés d'argent ornent les murs. Des encensoirs en porcelaine brûlent des graines de résine et du bois d'agneul. Les youyous stridents des vieilles femmes s'échappent de leurs gorges parées de voiles pourpres. Féerie des mosaïques de couleur chaude.

Sur d'immenses tables incrustées d'ivoire, des hommes en blanc déposent des agneaux farcis d'ail et de fines herbes. Des dattes fraîches venant directement de Bagdad tandis que des prunes confites arrivent de Mossoul. Les deux amants trinquent. Leurs verres liserés d'or s'entrechoquent, faisant monter les vœux d'éternité dans un ciel drapé d'étoiles. La tête parée de turbans incrustés de pierres rares, les gouverneurs de Takrit et d'Irbil souhaitent longue vie aux mariés. Pigeons et chameaux s'élancent qui dans le ciel, qui sur terre pour répandre la bonne nouvelle. Des brasiers crépitent. Un roulement de tambour annonce l'illumination du dôme de la mosquée des Omeyyades. Des bannières ondulent dans le vent. Un eunuque dénommé Adel veille au bon déroulement de la soirée. De tous côtés, on s'active. Les festivités battent leur plein dans la tête de la jeune femme quand elle est rappelée à la réalité par Aurélien.

— Allez, descends, Louise !

L'injonction de son mari est semblable à une explosion déchirant une nuit de songes.

— À demain, on t'attend au camp avant midi, docteur Chaâbane ! lance le conducteur sur un ton guttural avant de redémarrer.

— Mais... pourquoi il t'appelle comme ça ? interroge-t-elle d'une voix grave.

Le cœur d'Aurélien se serre de peur.

— Qui est Chaâbane ? Réponds-moi !

La colère de Louise enfle.

— Je te demande pourquoi il t'appelle comme ça ?

— Je ne sais pas, Louise. Ça suffit. Passons à autre chose. Il a dû confondre.

— Confondre entre Aurélien et Chaâbane ? Tu peux me dire comment on peut confondre ces deux prénoms ?

Ils franchissent la porte de leur nouvelle maison avec une querelle sourde. Mauvais présage.

***

La tasse de café brûle ses doigts. Son visage se fait sévère. Il a les yeux cernés à cause du manque de sommeil, mais Aurélien est heureux.

— Pourquoi il t'a appelé Chaâbane ? J'exige une réponse. Maintenant !

— On vient à peine de s'installer dans notre nouvelle maison, on a passé notre première nuit hors du camp, les garçons ont l'air bien, ils jouent de nouveau dans une chambre d'enfant, tout redevient normal. Regarde autour de toi, on a un chez-nous. On est en sécurité, comme promis. S'il te plaît. Je suis épuisé...

— Aurélien, tu me dois la vérité. Qu'est-ce que tu caches ?

— Ce que je cache ? Je suis donc un dissimulateur à tes yeux ? Je n'en peux plus, Louise, de toutes ces accusations alors que j'ai fait tout mon possible pour te protéger, toi et les garçons !

— S'il n'y a rien à cacher, dis-moi alors pourquoi hier le flic t'a appelé Chaâbane ?

— Pour que je puisse travailler en tant que docteur dans le camp. Voilà ! Tu es satisfaite ? C'est un prénom d'emprunt.

— Un prénom d'emprunt ? Je ne comprends pas.

— Farah m'a dit que ce serait plus simple pour me faire accepter par tous les autres gardes du camp. Je serai donc pour eux le Dr Chaâbane. C'est un signe que j'envoie pour montrer en quelque sorte ma volonté d'assimilation.

— Et jusqu'où va ta volonté d'assimilation, comme tu dis ?

— Mais qu'est-ce que tu insinues encore ? On habite en Djalmanie maintenant, on doit montrer des signes de bonne volonté. Ça s'appelle l'assimilation, Louise. L'assimilation !

— Et donc ? On change nos noms, notre histoire, nos racines pour s'assimiler ? Tout oublier ? Tout balayer ? Oublier qui l'on est et d'où l'on vient, c'est ça ? C'est ce que tu veux me demander ?

— C'est comme ça. C'est la condition si on veut vivre ici et ne pas retourner en France sous les bombes ! Le leader de l'opposition Raouf Mjaïed vient de lancer l'idée d'une uniformisation des prénoms pour tous les réfugiés.

— Uniformisation ?

— Oui, uniformisation ou harmonisation si tu préfères.

— Je ne préfère rien du tout ! Je veux maintenant, tout de suite, que tu m'expliques ! ordonne Louise qui panique.

— S'il te plaît, calme-toi. Le leader du parti « Djalmanie d'abord » veut que les réfugiés changent de prénom ou en choisissent un deuxième en adéquation avec la culture djalmanienne. Il estime aussi que les enfants de réfugiés nés en Djalmanie doivent porter des prénoms à consonance arabe. Il affirme que c'est une grande preuve de la volonté d'assimilation des migrants. Et je pense qu'il n'a pas tort, pour ne rien te cacher.

— Mais je rêve ! C'est un cauchemar. Tu n'es pas sérieux ?

— Ni rêve ni cauchemar, Louise, c'est la réalité ! Et tu dois l'accepter aussi.

— Accepter de changer le prénom choisi par mes parents et ainsi les trahir ?

— Accepter de montrer qu'on respecte les mœurs du pays qui nous accueille. Il y a de très beaux prénoms dans le calendrier musulman. Tu n'es pas obligée d'abandonner le tien mais tu pourrais faire un petit effort et en choisir un autre qui sonne plus… euh… plus… local.

— Local ? répète Louise, consternée.

— Le risque de garder uniquement Louise comme prénom, c'est de t'exclure toi-même de la communauté nationale.

— Mais ma culture, c'est la culture française ! Ma civilisation, c'est la civilisation occidentale. Ma langue, c'est le français. Mon prénom, c'est Louise et rien d'autre. Pas question de céder un pouce de terrain, je te préviens !

— Tu as entendu comme moi le président Abassi parler de l'identité arabo-musulmane. On est obligés de s'en approcher pour vivre sur cette terre ! Tu as vu comme moi les articles dans la presse djalmanienne, pas besoin de parler arabe pour comprendre que le choc des civilisations est une réalité ! Qu'est-ce que tu croyais en venant ici ?

— Jamais, tu entends, jamais je ne renierai ma religion, mon identité et mon prénom !

— Pfff... Tu montes encore sur tes grands chevaux...

— Est-ce que tu sais ce que signifie *Louise* et pourquoi mon père a choisi ce nom ?

— Bon, ça suffit ! Ton père n'est plus là et ce n'est pas le moment de me faire un cours sur ton prénom !

— *Louise* signifie « la glorieuse combattante ». C'est un prénom qui est synonyme de royauté, d'intelligence et d'élégance.

— Eh bien, je trouve que ce ne serait pas du tout déshonorant de t'appeler par exemple Leïla Louise. Leïla veut dire « le crépuscule » ou « la nuit ». Apparemment, c'est un prénom issu de la littérature persane. Je le trouve beau.

— Autant repartir et vivre sous les bombes ! assène-t-elle.

— Eh bien, vas-y, Louise ! Vas-y ! Mais je te préviens, tu y retourneras seule. Les garçons restent avec moi en sécurité en Djalmanie ! fulmine Aurélien.

— Serais-tu en train de me menacer ? Tu te rends compte de ce que tu dis ? S'adapter à la culture locale, c'est abandonner tout ce qui nous constitue. C'est jeter à la mer l'âme française. Tu sais ce que les Djalmaniens pensent de la France ? Que la France est islamophobe ! Qu'elle a été impérialiste au temps des croisades et colonialiste au XIXe siècle. Mais moi je ne suis ni esclavagiste, ni colonialiste, ni tortionnaire, ni collabo. J'aime mon pays, un point c'est tout. Pourquoi je devrais m'en excuser ? Abandonner, c'est piétiner nos racines spirituelles, morales et intellectuelles. Jamais mon père n'aurait accepté une telle démission. Il aurait, au contraire, appelé au patriotisme, à la défense de l'héritage et au sens de l'honneur. Faire le contraire, c'est être lâche. Ce serait de la collaboration. Quelle honte ! s'écrie-t-elle.

— Je suis épuisé. Vraiment épuisé. Cette conversation ne mène à rien. Je vais me reposer, répond Aurélien, laconique.

— Eh bien, vas-y... Chaâbane ! Puisque c'est comme ça que tes nouveaux maîtres t'appellent.

Aurélien ne relève pas la provocation. Il brûle pourtant de répondre et de lui dire que jamais Saladin n'aurait fait preuve de faiblesse. À cet instant précis, les paroles de Farah résonnent dans son cœur. Et si l'occasion lui était donnée de devenir quelqu'un d'autre ? Et s'il était vraiment un Saladin contemporain capable d'enflammer cavaliers, archers, lanciers et fantassins ? Empli d'une ardeur guerrière, Aurélien s'enferme dans la chambre à coucher de leur nouvelle maison. Il supporte de moins en moins les accusations de son épouse. Farah n'a pas tort quand il dit qu'elle lui manque de respect, commence-t-il à penser.

33

Pour oublier ce cortège de récriminations, Aurélien s'imagine sur la ligne de front face aux combattants du roi des Francs. Les grandes manœuvres commencent. Il veut être Saladin. Les hostilités battent leur plein. Dans les provinces de Mésopotamie, Saladin étend ses conquêtes. Il marche à présent sur Ascalon et y entre après un siège de deux semaines. Les guerriers du sultan déferlent sur l'ennemi et s'emparent de Nadhroun, Bet Djebrail, Bethléem, Gaza et Daroum. Reste Jérusalem qui finit par tomber le vendredi 27 de *rajab*.

Le sable prend la couleur du sang des vaincus. L'odeur de la chair transpercée se répand. Les Francs sont à genoux, pris à la gorge. Toutes ailes déployées, les étendards verts de l'islam flottent sur les remparts de la ville. Échanges nourris de flèches enflammées et de carreaux d'arbalète. Les charges sont intenses. Les garnisons ennemies fondent comme neige au soleil. La croix dorée qui surplombait la chapelle de la *sakhrah* est à terre. Saladin la saisit pour la brandir devant ses hommes qui sont au comble de l'excitation. Il dénonce un objet de malheur et condamne toute idolâtrie. Glacés dans leur âme, les chrétiens hurlent de douleur tandis que les chants d'allégresse et les clameurs des musulmans montent vers le ciel. Les combattants dansent autour de feux de joie. De toutes parts, des émirs et des érudits à la longue barbe blanche viennent féliciter le sultan. « Comme notre Prophète a conquis La Mecque, nous avons repris Jérusalem », s'exclame Saladin. Toutes les mosquées de la ville sont restaurées devant une foule impressionnante de savants, d'artistes, d'hommes de loi et de dévots. La chrétienté est accablée. Allah est honoré. Les réjouissances s'étalent sur plusieurs jours. « Qu'Allah donne longue vie à Saladin », hurle la foule. Le sultan est considéré comme le glaive de l'islam et le sauveur de Jérusalem.

Chaque fois qu'il est félicité, il répond par cette phrase : « C'est Allah qui a décidé du sort des Francs. » Sous la tente du vainqueur, le roi de Jérusalem a droit aux égards de Saladin. Il n'en est pas de même pour Renaud de Châtillon, responsable de la rupture de la trêve de six ans entre Francs et musulmans.

Le prince d'Antioche et de Kerak a provoqué les foudres de Saladin en voulant marcher sur La Mecque, détruire la Kaaba et disperser les cendres du Prophète. La lame de l'épée étincelle. La tête du prince roule jusqu'aux pieds du sultan. Effrayé par cette exécution sommaire, le roi en souille ses vêtements. Une odeur fétide envahit la tente. Aurélien se rappelle la phrase de Farah reprenant les propos de Saladin adressés à Gui de Lusignan : « Un roi ne tue pas un roi ! » Tout sourit au sultan victorieux. Les dômes des mosquées brillent de mille feux.

Le croissant musulman domine. Pourtant, Saladin est inquiet. Il sait que la vengeance des cœurs débordants de violence se prépare.

Aurélien s'enivre des parfums de rose et de jasmin qui émanent du parcours du sultan. Allongé sur le lit, tout son être se donne à la célébration du guide des musulmans enterré le 4 mars 1193 dans la citadelle de Damas. Une prière monte jusqu'à son cœur. L'histoire de Saladin devient la sienne.

À quelques mètres de la chambre à coucher, Louise déborde de ressentiment. « Impossible de céder », murmure-t-elle. La jeune femme refuse toute injonction à s'assimiler. Impossible pour elle de chasser de son imaginaire les figures de Saint Louis, Louis XIV, Jeanne d'Arc ou Charlemagne pour les remplacer par des figures djalmaniennes. Plus que jamais, elle revendique encore plus fort la grandeur de la France. Condé à Rocroi ou encore Bonaparte au pont d'Arcole sont ses héros. Louise a conscience d'être l'héritière de quinze siècles d'Histoire. La France est son lien de terre. Du Val de Loire de Genevoix aux Ardennes de Dhôtel en passant par les Landes de Mauriac et la Provence de Pagnol, le moindre grain de terre reflète la France littéraire que son père a toujours eu à cœur d'exalter. La France ne deviendra pas une relique délaissée, promet Louise, le regard brillant.

***

Il est trop tard. Enfermé dans le PC Jupiter, le bunker de l'Élysée, François Bernard regrette de ne pas avoir suivi les conseils de Saint-Cyr, le chef d'état-major des armées, quand celui-ci l'alertait sur les intentions mortifères de Babotchkine. Dans le centre de commandement français situé plusieurs mètres sous terre et capable de résister à une attaque nucléaire, le président se tient la tête entre les mains. Même les épaisses portes blindées n'ont pas réussi à contenir ses cris de colère après les destructions occasionnées par les bombardements russes.

34

De l'autre côté de la Méditerranée, en ce vendredi matin, la directrice de l'école élémentaire de Ras Abyad accueille deux nouveaux élèves. Mattéo et Mathieu Dubreuil, âgés de cinq et neuf ans, font leur première rentrée des classes en Djalmanie, l'un en grande section de maternelle, et l'autre, en CE2. Ils font partie des rares enfants de réfugiés occidentaux de l'école de la ville. L'ensemble des cours étant dispensé en arabe, les deux garçons tentent, tant bien que mal, de s'acclimater à leur nouvel environnement en utilisant le casque de traduction simultanée de l'établissement.

De son côté, Aurélien a rendez-vous avec le chef des gardes. C'est sa première journée de travail en tant que docteur dans le camp.

— Docteur Chaâbane ! s'exclame joyeusement Farah en le voyant arriver.

— Bonjour... euh... voilà, vous... vous m'avez dit de venir avant midi. Je suis là.

— Bien. Il y a beaucoup de travail qui t'attend, docteur. Dans toute une rangée de containers, il y a une épidémie de gastro. Peut-être due à la présence d'un microbe dans la grande cuve d'eau du camp. Tu iras les voir tout à l'heure après la prière.

— La prière ?

— Oui, comme je te l'ai dit, docteur, tu vas venir avec moi à la mosquée.

— Mais... La mosquée n'est pas loin de la maison. Et si ma femme me voyait ?

— Et alors ? Elle dira que tu es un bon musulman, un bon mari et un bon père.

— Ça, c'est pas possible ! Je suis obligé de me cacher. Vous devez comprendre. Je... Je n'ai pas le choix.

— Tu veux dire que ta femme n'aime pas l'islam, Chaâbane ?

— Ça n'est pas ce que je dis. Mais Louise est catholique, c'est sa religion. Je ne peux pas lui avouer ma conversion et pour... et pour...

— Pour Malek ?! Elle ne sait pas que tu l'as envoyé à la mort alors ?

— Vous ne m'avez pas laissé le choix !

— Calme-toi, docteur. Tout ça, c'est de l'histoire ancienne. Maintenant, tu as une mission à accomplir. Il ne faut pas perdre de vue que tu es notre Saladin ! dit Farah avec un léger sourire oscillant entre l'ironie et la ruse.

— Écoutez, il faut me laisser un peu de temps. Je ne peux pas vous accompagner à la mosquée aujourd'hui... C'est encore trop tôt pour moi.

— Trop tôt, docteur ?

— Euh oui... Je... Je ne peux pas prier dans une mosquée. Je ne sais pas comment faire et...

— En Djalmanie, fais comme les Djalmaniens. C'est ça, l'assimilation. C'est ce que la France a aussi demandé aux immigrés maghrébins et africains, non ? Eh bien, docteur, on te demande à présent la même chose. C'est pas compliqué. Tu dois adopter les mêmes comportements et les mêmes codes culturels si tu veux rester ici en tant que réfugié. Tu es obligé de laisser ta culture d'origine et d'épouser celle de notre pays. Et ça passe bien sûr par la religion, par l'islam ! On ne peut pas se permettre de ne pas assimiler, sinon on risque de devenir minoritaires dans notre propre pays ! Le président Abassi a été très clair. Il ne veut pas être le président de deux peuples sur son propre sol. On accepte les réfugiés à la condition qu'ils s'assimilent totalement. Tu ne peux pas être seulement un Djalmanien de papier, Chaâbane, tu dois devenir un Djalmanien de cœur et de désir. C'est très important. Il faut que tu apprennes à aimer la Djalmanie, à dire nos prières et à chanter notre hymne national. Ce serait bien vu aussi de laisser pousser ta barbe. Tu dois respecter nos règles et notre mode de vie. Ton nouveau prénom est le premier pas vers l'assimilation. Mais ce n'est pas suffisant. Pour rester avec ta famille ici, pour avoir le droit de vivre et de travailler sur notre sol, tu dois devenir plus djalmanien que les Djalmaniens eux-mêmes ! L'assimilation n'est pas une option. Allez, viens maintenant, Chaâbane, il est temps d'y aller. Il est temps de prier et de communier avec Allah.

35

La mosquée de Ras Abyad est un grand bâtiment richement orné de mosaïques bleu turquoise. Le décor floral des peintures contraste avec la couleur sable des briques extérieures. Le tout forme un curieux mariage entre des entrelacs végétaux et la poussière du désert. En pénétrant dans la cour, Aurélien est saisi par l'agencement mystique des volumes et l'unité organique de l'architecture. La grande salle de prière est composée de multiples voûtes soutenues par d'imposantes colonnes formées de plusieurs blocs de pierre. Le marbre couvre la partie inférieure des murs. Des niches ombragées offrent un répit aux fortes chaleurs. La rondeur des ouvertures de toutes les pièces est aussi sensuelle que des hanches de belles femmes pulpeuses. Deux madrasa, les écoles coraniques, encadrent l'espace central. Tous les fidèles prient dans la même direction, face à la qibla. Loin des bruits de la ville, au-delà des pulsations du monde, Aurélien se laisse guider par une main invisible sur le chemin de la grâce. Sous la voûte de la mosquée aux influences byzantines et ottomanes, il a l'impression d'entendre respirer les anges. Il perçoit des chuchotements millénaires. Tout est presque parfait. Dieu habite dans ce presque d'une asymétrie architecturale.

Marchant sur les pas de Farah, il regarde autour de lui avec l'œil d'un enfant émerveillé. Le vide s'est déguisé en silence. Des voix s'entremêlent comme des danseuses endiablées.

Dans chaque mouvement, Aurélien entend le battement de son cœur. « Ce n'est pas une rencontre avec Dieu, mais avec moi-même », murmure-t-il. Tout l'attire avec une force magnétique indescriptible. Une tendre mélancolie l'envahit. Un autre monde dont il ignorait tout se présente à lui. Farah le sent et le laisse seul un moment. Il a rendez-vous avec lui-même. La flèche s'enfonce dans son âme. Plein cœur. Sur la terre argileuse d'un pays maghrébin, il vient de connaître un moment sacré. Illumination. Renaissance. Effacement. Resserrement. Transcendance. Éveil. Souvenance. Quelques atomes de lui se mêlent aux pierres de l'édifice. Il a donné congé à son scepticisme. Il s'est délesté de tout ce qui l'entravait sur le chemin vers Dieu. Il a fait fuir la garde rapprochée des incroyants. Le feu du langage ne suffit plus pour décrire ce qu'il ressent. Une seule vision a permis de faire remonter à la surface des songes d'enfance. Il a vu ce qui échappe à l'homme pressé. À cet instant, il n'est pas seul. Aurélien est accompagné de tous ses absents. Ses chers absents. La nostalgie de quelque chose. Par la fenêtre mansardée de sa vie, il aperçoit toute sa lignée. Il est entré dans la maison la plus rassurante qui soit, pense-t-il. Farah, qui l'a rejoint après quelques ablutions, lui explique que la mosquée est la représentation du jardin idéal tel que décrit dans le Coran. Le vert profond de la nature rehausse l'éclat des pierres brutes de lapis-lazuli de la clé de voûte. Puzzle infini d'arabesques aux multiples caractères. La géométrie colorée du lieu éclaire le ciel de Ras Abyad. Au même moment résonne l'appel à la prière. Voix d'or à travers un microphone qui grésille. Parole virginale. Hymne de Dieu. *Allah Akhbar*. Farah invite Chaâbane à venir prier et méditer sur le monde. La mélodie du muezzin occupe son esprit et ruisselle dans son corps. Il ne saurait expliquer la familiarité qu'il éprouve à l'égard de cette mélopée venue des siècles passés. Le langage du muezzin est le même que celui d'une volée de cloches, pense-t-il.

À ses côtés, Farah croise les bras sur sa poitrine puis se prosterne sur un petit tapis placé à ses pieds. Le front contre terre, il murmure à l'oreille de Dieu.

Dans cette prosternation se mêlent les récits de Moïse et d'Abraham. Aurélien attend sans bouger. Il aurait pu attendre un siècle. Peut-être d'ailleurs est-ce le cas. Un siècle a pu passer. Le temps ne s'écoule plus. La mosquée de Ras Abyad est sa terre d'asile. L'incroyant qu'il était s'est converti à la grâce. Éblouissements ! Il est en retrait du monde. Il n'a jamais rencontré une telle hauteur et une telle profondeur de sentiments. Sur ses genoux tremblants, il tient ouvert le livre du cosmos. Ses pensées sont exaltées. Sa croyance est comme une boule de neige qui ne cesse de grossir en dévalant les rues de Djalmanie. Il est dépouillé de tout. Même de son nom. Chaâbane lui pénètre l'âme. Aurélien Dubreuil n'est plus.

Des yeux indiscrets le guettent, s'interrogeant sur sa présence. La rumeur commence à se répandre.

Grisaille jaunâtre dans le ciel. Quelques brindilles fauves annoncent le pire. Craquements de branches. Une tempête de sable plonge la ville dans le noir. Même la lumière a été kidnappée. Aurélien tourne la clé dans la serrure, et poussant la porte d'entrée il aperçoit Louise recroquevillée en position fœtale sur le canapé du salon.

— Il est tard, lui lance-t-elle en le foudroyant d'un regard assassin.

— J'ai eu une longue journée... Beaucoup de travail dans le camp. Une épidémie de gastro. Qu'est-ce qui t'arrive ? Tu as l'air malade. Il y a un problème ?

— Les enfants.

— Quoi, les enfants ? Il est arrivé quelque chose aux garçons ? dit-il, le souffle coupé par l'angoisse.

— Rien de grave... Enfin si ! C'est assez grave...

— Quoi ? Quoi ? Tu m'inquiètes, Louise ! Qu'est-ce qu'il y a ? Vite, dis-moi !

— Mathieu m'a raconté sa première journée à l'école et je suis très inquiète.

— Sois plus précise. Qu'est-ce qui se passe enfin ? Il a été harcelé ? Il est blessé ? Qu'est-ce qu'il a ?

— Le cours d'histoire portait sur la France coloniale et esclavagiste ! Voilà ce qu'il se passe !

— Ah, d'accord, c'est ça le problème ? dit-il, soulagé.

— Tu plaisantes là ? Ils sont en train d'apprendre à notre fils que la France, son pays, est un État raciste qui a appliqué une politique néocoloniale et toi, tu as l'air soulagé de l'apprendre !

— Je pensais que c'était quelque chose de grave.

— Mais c'est grave !

— Tout n'est pas faux...

— Pour le wokiste que tu es peut-être, mais pas pour moi !

— Wokiste ? Arrête avec tes grands mots qui ne veulent rien dire. Que des mots inventés par les fachos ! Je viens de rentrer après une journée éprouvante et tu m'agresses déjà ? Je ne pourrai pas tenir longtemps comme ça, Louise...

— Et ça ne te dérange pas que ton pays soit calomnié et présenté de cette manière à ton fils ? Ça ne te pose pas plus de problèmes que ça ? Le dénigrement de la France est un sport national ici.

— D'abord, mon pays c'est aussi la Djalmanie, maintenant. Il va falloir que tu t'y fasses ! Ensuite, la France a colonisé la Djalmanie, donc factuellement, c'est vrai. On ne peut pas nier des relents colonialistes. Et tu ne peux pas reprocher à l'État djalmanien d'enseigner son histoire !

— C'est énorme ! Comment oses-tu dire une chose pareille ! Comme ça, les musulmans sont les victimes de cette France aux règlements et aux lois islamophobes ? Mon mari souscrit donc à la religion des soi-disant dominés. Tu te rêves en Zola des musulmans ?

— Tu es incapable de la moindre nuance. Je ne te reconnais plus, Louise... Oui, la France a du sang sur les mains et sa mémoire n'est pas immaculée.

— Je suis horrifiée de t'entendre dire des choses pareilles… C'est pour moi un déchirement de l'âme. C'est moi qui ne te reconnais plus.

— Peu importe. C'est la vérité. Quoi ? Tu vas me dire que la colonisation a du bon ?

— Oui, je te l'affirme même ! Pourquoi passer sous silence tout l'héritage ?

— Quel héritage, bon sang ?

— L'architecture déjà ! La singularité de l'architecture coloniale est un véritable patrimoine à protéger. Il y a aussi l'administration, le droit ! La France, puissance coloniale, a aussi fait de bonnes choses. Et à l'époque, il pouvait aussi y avoir des échanges constructifs entre colons et colonisés. Il ne faut pas tout repeindre en noir !

— C'est faux et tu le sais. L'entente entre colonisé et colonisateur est impossible.

— Mais d'où te vient ce nouveau mépris pour ton propre pays ? Pourquoi autant de ressentiment envers la France ? À force de défendre les Djalmaniens, tu vas devenir comme eux ! C'est ça ton but ? Renier ton pays ? Te renier ? Pourquoi te sens-tu débiteur envers eux ?

— Pourquoi ? Parce que la France a colonisé la Djalmanie et aujourd'hui, on a obtenu un statut de réfugiés ici ! Je lui suis donc redevable…

— Tu es devenu un étranger pour moi. Je ne te reconnais plus du tout. Je ne reconnais plus mon propre mari.

— Tu as une image idéalisée et fausse de la France et de la colonisation. Tout colonisateur a des tendances fascistes et ne peut tenir qu'un discours d'oppresseur. Quand tu penses à la France, tu penses aux gloires passées, aux personnages hauts en couleur, bref à des chimères ! Tu te laisses bercer par le fameux idéal universaliste français qui n'est que le cache-misère des racistes de tout poil !

— Quand je pense à la France, je pense aux châteaux de la Loire, aux gorges du Tarn, à Conques, à la cathédrale de Strasbourg, aux palmiers de Hyères, au mont Sainte-Odile, aux temps mérovingiens, à la couronne d'épines, à la flore gothique, au couvent Saint-Gildard de Nevers, à nos joyaux paysagers, à notre architecture époustouflante ! Je me sens dépositaire de cet héritage, moi !

— Je te préviens que le temps de la chevalerie est révolu ! Tu parles d'un temps que les moins de vingt ans... L'âge d'or, c'est fini, tente de plaisanter Aurélien.

— Pas question de m'y résoudre. Je ferai toujours honneur à mon pays !

— Ça suffit ! Ton pays, c'est ici !

— Non, Aurélien ! Mon pays, c'est la France. Je sais d'où je viens et où j'habite, moi ! Les liens de terre sont plus forts que tout !

— Mais regarde autour de toi. C'est ici que tu habites, Louise. Tes enfants sont scolarisés dans une école djalmanienne. Tant qu'il y aura la guerre en Europe, notre vie sera ici ! Tu rêves d'une France qui n'existe plus !

— Au contraire ! Et je vais te dire quelque chose. Tu ne te feras jamais respecter, où que tu sois, si tu dénigres ton pays. Sais-tu pourquoi les musulmans sont de plus en plus forts ? Parce qu'ils croient en leur religion, en leur récit national et en leur histoire ! Ta soumission est une faiblesse à leurs yeux.

— Qu'est-ce que tu racontes ? Je me fais respecter parce que j'obéis aux règles du pays dans lequel je vis. Un point c'est tout.

— Mais qu'est-ce que tu fais du souffle sacré ? Qu'est-ce que tu fais du mystère français ?

— Le seul mystère, c'est toi, Louise.

— Est-ce que tu sais à quel personnage veut s'identifier ton fils après une seule journée de bourrage de crâne à l'école ? Il ne jure que par Saladin, le sauveur de l'islam !

— Où est le mal ?

— Ils t'ont fait un lavage de cerveau à toi aussi ?

— On doit respecter le pays qui nous accueille ! Nous ne sommes plus en France. On a des devoirs envers la nation djalmanienne. C'est comme ça. Il faut l'accepter. Tu dois être patriote, Louise ! Aimer ton pays d'accueil. Sinon, tu resteras pour toujours une Djalmanienne de papier. Une citoyenne de seconde zone.

— Ça suffit. Revenons à mon fils.

— Notre fils !

Louise est abattue. Elle sent la corde se resserrer autour de son cou. Un bruit de tambour dans son cœur. Est-ce un cauchemar ? Tout le monde se ligue contre elle. Un seul héros pourrait la sauver. Elle le convoque en poussant la porte d'entrée du royaume de France et se retrouve à Aigues-Mortes en 1270. Le vent marin balaie ses cheveux bruns. La jeune femme regarde au loin. Une flotte importante se prépare. Le roi Louis IX, profondément chrétien, veut faire oublier l'échec de sa précédente croisade tandis que les Mamelouks règnent en maîtres en Terre sainte. De santé fragile, le souverain dispose d'une aura certaine.

Louise est impressionnée par sa puissance et son sens de la justice. Elle imagine les mots qui pourraient être les siens tels qu'ils ont été rapportés par des chroniqueurs de l'époque : « Jamais ne vis si beau chevalier sous les armes, car il dominait toute sa suite des épaules, son heaume doré sur le chef, son épée en la main. »

En prononçant à voix basse cette parole, ses yeux s'embuent. Louise ne se résout pas à l'exil. La France reste le réceptacle de ses fantasmagories. Elle voue à son pays une infinie tendresse mêlée de profonde gratitude. Comment imaginer ne pas revenir sur la terre de ses ancêtres pour y vivre ou bien y mourir ? Dans le cimetière où repose son père, sommeillent tous les siens. Depuis l'enfance, les clochers de France ont résonné au même rythme que son cœur. Francité et catholicité sont les deux piliers sur lesquels repose son temple intime. À cet instant, son destin la guette. Que faire ? Se réfugier dans la citadelle d'Aigues-Mortes, ultime abri de la garnison si la ville est envahie, espérant que les envahisseurs ne viennent pas à bout de l'immense porte bardée de fer, ou se battre jusqu'au dernier souffle ? Pas question de baisser pavillon, se dit-elle. Comme la France, Louise ne se reconnaît que dans la grandeur.

36

Toutes voiles déployées, le navire du roi s'élance vers Cagliari, dans le sud de la Sardaigne, avant d'atteindre le but de l'expédition, Tunis, tremplin vers la Terre sainte. À peine a-t-il posé le pied sur les côtes tunisiennes que Louis IX fait proclamer une déclaration solennelle dans laquelle il affirme être le serviteur de Jésus. Accompagné de vingt mille hommes, le roi installe un camp près de Carthage et déclare : « Carthage, qui est maintenant ramené à la samblance d'un petit chastel, fu anciennement une noble cité que la royne Dydo fonda, et estoit la réalité cité et la mesresse de toute Aufrique. » Dans le cœur du souverain croisé sonne l'angélus. Dans son âme résonne la France des clochers. Saint Louis rêve d'une croisade idéale, mais rien ne s'est passé comme prévu. Louise a beaucoup de tendresse pour ce monarque pieux et fou amoureux de son pays. Elle le considère comme un chrétien modèle qui, jusqu'à la fin de sa vie, priera sainte Geneviève, saint Denis, saint Jacques et tous les protecteurs de la monarchie capétienne. Avant même d'être canonisé, il était déjà saint, comme une divine évidence. Pour la jeune femme, sa grande piété est un exemple à suivre. Elle se remémore l'incroyable dialogue retranscrit par Jean de Joinville entre le quarante-quatrième roi de France et Al-Moadam, un prince musulman du Caire.

Le chroniqueur raconte que Louis IX mit en avant le salut de l'âme du prince musulman pour tenter de le convaincre de se convertir et qu'il ne s'agissait nullement d'une volonté cynique de soumettre l'autre. Dans ce XIIIe siècle qui fut celui de l'évangélisation, le monarque espérait un mouvement massif de conversion des musulmans. Il souhaitait que la foule musulmane aille spontanément se précipiter vers les fonts baptismaux. La réalité fut différente puisque l'essentiel des convertis étaient en réalité des veuves, des orphelins, des malades ou encore des esclaves qui rêvaient d'être affranchis en échange de leur baptême. Tous furent dispersés dans une vaste région dans le nord de la France. Le roi voulait absolument les éloigner de leur terre d'origine pour couper tout lien avec leur culture. Louise est subjuguée par la volonté et l'enthousiasme de ce monarque qui croyait dur comme fer à sa mission de convertisseur et de sauveur des âmes musulmanes. Cette nuit, elle essaie de percevoir son souffle et d'entendre sa voix. « Si quiconque s'avise de médire de la foi chrétienne, il ne faut la défendre qu'avec l'épée et on doit donner de l'épée dans le ventre autant qu'elle peut entrer. »

Dans l'autre pièce, Aurélien rumine sa solitude et convoque, pour se détendre, une autre version de l'histoire de Saint Louis. La légende africaine de Louis IX, dont le récit se déroule non loin de Carthage, raconte que le roi aurait choisi l'islam. Il aurait même été converti par une belle musulmane et aurait vécu comme un marabout, vénéré jusqu'à la fin de sa vie, sous le nom de Sidi Bou Saïd. Bercé par ce conte, Aurélien entame un pèlerinage méditerranéen dans ses songes. Derrière la courbe du rivage bleu azur, il ressent une curieuse sensation de déjà-vu. Tout lui est familier. Façades blanches, silhouettes sensuelles et cortège d'arômes. Sur son chemin, il croise des vizirs exubérants, des dignitaires de la cour, des fakirs ensorceleurs et des vagabonds déguisés en seigneurs du désert.

Au long d'autres routes encore plus éloignées, des seigneurs lui content les affaires des royaumes du monde. Par-delà les fleuves, des troupeaux de bêtes portant de lourds fagots sont suivis par des paysans à la figure burinée et au teint violacé.

En levant la tête, Aurélien aperçoit la silhouette d'un imposant minaret. Il reconnaît l'architecture singulière de la grande mosquée de Bagdad. Un homme s'avance et tous s'écartent sur son passage. Le cadi de Damas, cheikh al-Harawi, exerce une fascination extraordinaire. Il est venu pour une mission particulière. Tandis que le mois de ramadan bat son plein, il s'installe en face de la porte de la mosquée et se met à manger ostensiblement. Scandale ! Aussitôt, des soldats accourent pour l'arrêter. Une foule en colère scande des slogans de haine à son endroit. Face à cette masse hostile, le cadi s'étonne et les interpelle en leur lançant qu'ils feraient mieux, au lieu de s'offusquer d'une rupture du jeûne inappropriée, de s'inquiéter du sort des millions de musulmans massacrés et des Lieux saints que l'islam a abandonnés.

37

Brusquement, Aurélien se réveille. La nuit a été courte. Il se presse. Il ne veut pas arriver en retard pour son deuxième jour de travail dans le camp de réfugiés de Ras Abyad. À l'entrée, la fouille prend beaucoup de temps. Des trafiquants se seraient infiltrés parmi les réfugiés. La veille, une fusillade a eu lieu entre deux groupes, faisant un mort. Farah est de mauvaise humeur.

— Allez, allez, docteur Chaâbane, vite ! Il y a deux enfants malades dans les containers 150 et 164, une fracture à la jambe dans le bloc Italie container 51 et tu vas commencer par une adolescente souffrante dans le container 245 !

C'est un choc. Le container 245, Aurélien le connaît très bien. Son cœur se fige. Sa bouche se tord.

— Le container 245 ? dit-il d'une voix étranglée.

— Oui, 245. Tu es devenu sourd ou quoi ?

— C'est celui des Zaoui. Je ne peux pas y aller. Je suis désolé. C'est impossible.

— Non, mais, qu'est-ce que tu crois ? Que c'est à la carte ? Que tu peux choisir qui tu soignes ?

— Pas eux, s'il vous plaît. C'est impossible.

— Je te préviens, ce n'est pas le jour, docteur ! On doit gérer l'infiltration de trafiquants d'êtres humains dans le camp ! C'est vraiment pas le moment, hurle Farah, excédé.

La poitrine bombée, il s'éloigne. Il a l'allure conquérante d'un soldat sur le front. À l'inverse, Aurélien est défait et n'a d'autre choix que de se diriger vers le container 245. La boue s'accroche à ses chaussures comme la culpabilité s'agrippe à son âme. Il craint le regard moralisateur d'Albert. Accablé, il avance. Les Zaoui sont enfermés dans le camp et lui est libre. Il se maudit. Il hésite à toquer à la porte. Finalement, il frappe un coup sec qui fait trembler la tôle ondulée du container. Il se demande si Albert ne va pas lui coller son poing dans la figure. *Ce serait mérité,* pense-t-il.

— Ah voilà le Dr Chaâbane ! s'exclame Albert en le fusillant du regard.

— On... On m'a dit que Julie est malade ?

— Elle n'a pas la chance d'être libre comme tes enfants !

— Écoute... Ce n'est pas ma faute. Tu... tu avais le choix.

— Le choix ?! Mais tu l'entends parler, dit Albert en se tournant vers Rachel allongée aux côtés de sa fille.

— Il parle comme un traître, lance la mère de famille.

— Bon... j'ai compris. Je vais vous laisser... Je m'en vais.

— Et lâche en plus, ajoute Albert.

— Tu as choisi de rester. Tu ne peux pas me dire ça...

— Mais dis-moi quel était exactement le choix, Aurélien ? Se convertir ou rester ?

— S'assimiler !

— S'assimiler ? Pour sortir d'ici, tu as fait condamner Malek et tu as tourné le dos à ton pays, à ta culture, à ta religion.

— Je n'avais pas le choix ! Louise allait croupir dans une prison, je vous rappelle !

— Pour quelqu'un qui n'a pas eu le choix, tu sembles très bien t'en sortir. Il paraît que tu as une maison, que tes garçons vont à l'école et que tu gagnes bien ta vie comme médecin ici. Ça rapporte d'être un vendu !

— Qu'est-ce qu'il y a de mal à épouser la culture du pays qui nous accueille ? Je n'ai aucun problème avec la culture djalmanienne et avec l'islam.

— Tu es un déchristianisé coupé de ton histoire. Un désincarné. Tu ne sais même pas ce que tu dis. Je te plains, va !

— Le plus à plaindre, c'est toi, Albert. Moi, je suis un décroisé !

— Quoi ? Mais qu'est-ce que tu racontes ?

— Un décroisé, c'est un chevalier converti à l'islam qui va faire le chemin inverse en revenant en terre occidentale pour proposer une solution à une Europe postchrétienne.

— Ah oui ! Et c'est quoi, cette solution ?

— La vigueur de l'islam. Puisque l'Europe est en train de se déchristianiser, je pense que c'est une voie salutaire. De toute façon, l'Europe telle qu'on l'a connue est morte. Morte et enterrée.

— Mais tu es complètement fou. Ils t'ont lobotomisé ou quoi ?

— Écoute, Albert, je te le dis en toute amitié, tu n'es pas en train de saisir l'enjeu majeur qui se profile. Il faut comprendre ce que ressentent les Djalmaniens et plus largement tous les Africains. Ils ont peur de nous. Ils ont peur de se voir disparaître sous toutes les vagues d'immigration.

C'est une angoisse existentielle et tout à fait légitime. Il faut accepter cette peur.

— Peur ?

— Bien sûr qu'ils ont peur. Tu n'as pas entendu le dernier discours du leader d'opposition Raouf Mjaïed ?

— C'est le type d'extrême droite qui est à la tête du parti « Djalmanie d'abord » ? C'est un vrai fasciste celui-là. Un Hitler du monde arabe !

— Peu importe ce que tu penses. Il sera probablement le prochain président de Djalmanie et il estime que les migrants occidentaux sont la plus grande menace pour son pays et pour l'identité arabo-musulmane. Pas tant parce que la chrétienté est forte et qu'elle risque d'effacer l'islam mais surtout à cause du wokisme et de toutes les idéologies déconstructrices ! Mjaïed craint qu'on ne pervertisse les sociétés arabo-musulmanes !

— Je n'arrive pas à le croire ! C'est toi qui dis ça ? Toi, le promoteur des théories du genre ? Je te rappelle que tu as gagné ta vie avec ça ! Tu as gagné beaucoup, beaucoup d'argent en poussant des enfants à se faire opérer pour changer de sexe !

— J'ai changé, Albert. On doit tous changer pour espérer vivre ici. Aujourd'hui, je sais que l'islam est un rempart face aux théories du genre. Des théories qui menacent notre civilisation européenne. Je sais aussi qu'il faut s'assimiler. Oublier un peu de soi, de son histoire, de sa culture d'origine pour épouser, comme le dit d'ailleurs Mjaïed, la culture djalmanienne, arabe et islamique. Moi, j'y suis prêt. C'est une sorte de contrat moral qu'il faut signer avec le pays d'accueil. Tu vois, c'est du donnant-donnant. Il faut accepter les règles du jeu. Aujourd'hui, l'islam nous offre une nouvelle vie et une communauté alternative, l'oumma. Les piliers de l'oumma sont incompatibles avec nos valeurs occidentales. Il faut donc s'éloigner de nos valeurs. Ce n'est pas un reniement. Je dirai plutôt que c'est une nouvelle façon de voir les choses, d'épouser une nouvelle culture et une autre civilisation.

— Tu veux donc que le juif que je suis épouse la culture islamique ? Tu veux que j'efface d'un trait de plume toute l'histoire de mes ancêtres pour me fondre dans la culture djalmanienne qui n'est pas la mienne...

— Tu sais, si on regarde l'Histoire, au Moyen Âge, les juifs ont été surtout persécutés par des nations chrétiennes ! En terre d'islam, vous aviez une forme de protection avec le statut de *dhimmi*. Je crois sincèrement que le croissant vous protège davantage que la croix !

— Pauvre de toi, Aurélien – ou plutôt Chaâbane... –, regarde ce que tu es devenu ? Les juifs mieux protégés en terre d'islam ? Les islamistes veulent notre peau et la destruction de l'État hébreu ! L'antisémitisme arabe et musulman n'a jamais été aussi puissant qu'aujourd'hui. Avec Rachel, on n'a pas eu d'autre choix que de venir ici... La guerre nous a poussés à cet exil.

— L'hostilité à l'égard des juifs n'efface pas le fait que les peuples du Livre peuvent toujours coexister.

— À condition pour les *dhimmi* qu'ils obéissent et qu'ils versent une contrepartie !

— Tu oublies que vous n'êtes pas mieux lotis en Occident !

— Cite-moi les minorités qui sont bien traitées en terre d'islam ? Hein ? Lesquelles ? Les chrétiens ? Les yézidis ? Les femmes ? Les homosexuels ? Dis-moi !

— Albert, la charte de Médine, la *çahîfa*, rédigée juste après l'hégire, mentionne explicitement que « les Croyants et Soumis de Qoraysh et de Yathrïb et ceux qui les suivent se joignent à eux et luttent avec eux... forment une communauté unique, distincte des autres hommes ». C'est bien la preuve que les juifs faisaient partie de l'oumma ! Et j'ai lu récemment le recueil de hadiths du Sahïh al-Bukharî dans lequel on trouve une scène édifiante. Mahomet était assis avec ses compagnons lorsque passa non loin d'eux un convoi funèbre. Mahomet se leva immédiatement en signe de respect et de révérence. Ses compagnons firent de même tout en lui faisant remarquer qu'il s'agissait des funérailles d'un juif. Et tu sais ce que Mahomet leur a répondu ? Tiens-toi bien, Albert. Il leur a dit mot pour mot : « N'est-ce donc pas une âme ? »

— Tu parles d'âme, toi ? Mais tu as vendu la tienne à Farah !

— La guerre est en train de consumer l'Europe. Il faudra proposer un nouveau récit une fois sortis des ténèbres. Le président François Bernard ne comprend rien à tout ça. On ne va quand même pas laisser Jünger Wissing, l'Allemand, à la tête de l'UE, nous diriger ? C'est un moment unique, singulier dans l'Histoire pour s'imposer et surtout, pour imposer un nouveau récit en France qui fera vibrer les cœurs et les âmes.

— Et pour toi, ce nouveau récit, c'est l'islam ?

— L'islam offre un cadre de vie et de pensée capable de structurer l'Occident usé et décadent. Samuel Huntington avait raison face à Fukuyama. La libération des pays vivant autrefois sous le joug du totalitarisme n'a pas donné lieu à la victoire éclatante et définitive de la démocratie libérale comme le prévoyait ce dernier. Le monde pacifié n'est pas advenu. Au contraire. Les affrontements culturels et civilisationnels ont pris le dessus. Plus personne ne croit aujourd'hui en la fin de l'Histoire. Le monde pacifié n'est qu'un leurre. Les contre-modèles que sont la Russie, la Chine, l'Iran ou la Turquie sont en train de prendre le dessus. Réveille-toi, Albert, le monde dans lequel on vit est celui de Huntington ! Et dans cette guerre de civilisations, on doit choisir notre camp. Ce n'est plus l'opposition Nord/Sud qui structure le monde mais celle des civilisations. La culture de Davos a définitivement perdu. Les intérêts économiques ne peuvent rien face à l'angoisse existentielle des peuples. L'Occident propose un modèle universaliste totalement dépassé. Qui sent la naphtaline.

« L'Amérique pensait que le monde ne rêvait qu'à travers son modèle, il n'en est rien. Je te le dis, Albert, nous vivons dans un monde où les peuples non occidentaux ne sont pas prêts à brader leurs valeurs. J'ai choisi mon camp. C'est le camp du Sud global. En Djalmanie, je suis un Djalmanien.

— Tu as fini ? Maintenant, je vais te demander de sortir et de ne plus jamais revenir. Jamais. Nos chemins se séparent définitivement, maintenant et ici. Tu as tout perdu, Aurélien. Et surtout, tu as perdu ta dignité. Je préfère mille fois rester dans ce camp et pouvoir me regarder dans un éclat de miroir que d'être à ta place de… de… de décroisé !

— Mais… Tu ne veux pas que j'ausculte Julie ?

— Va-t'en, je te dis ! Ne t'approche plus jamais de nous.

38

La cathédrale de Ras Abyad est un ancien édifice religieux catholique situé dans le nord de la ville. Dans les années 1970, elle est devenue la grande mosquée de Djalmanie. Plantée devant l'immense bâtisse, Louise tente d'imaginer à quoi ressemblait l'architecture d'origine. Elle est saisie par la simplicité des formes et la rudesse des pierres blanches où tout s'efface pour laisser la lumière faire son œuvre. L'ancienne cathédrale semble plus légère que le duvet d'un moineau. Étrange sentiment qui est le sien à cet instant précis. Comme si la frontière entre les morts et les vivants s'était évaporée. Il n'y a plus aucune séparation, à peine le souffle de Dieu. Par-delà les siècles, elle entend les bruits des travaux des bâtisseurs de la cathédrale. Louise est aimantée par le monument. Mécaniquement, elle s'avance vers la grande porte par laquelle déborde le sacré. Les prêches et les oraisons montent vers le ciel. Elle croit encore en la France des clochers. Les paroles de son mari la hantent. *Comment a-t-il pu en arriver là ?* s'interroge-t-elle en posant un pied à l'intérieur de l'édifice.

— لكن ماذا تَفْهَمِينَ؟ اخرج من هنا الآن Mais qu'est-ce que tu fais ? Sors d'ici tout de suite ! lui crie un gardien en pointant dans sa direction un bâton en guise d'avertissement.

— Je veux juste visiter... لا مشكلة pas de problème, baragouine-t-elle en arabe.

— أولاً، هذا المسجد لا يرحب بالنساء، إذن، أين حجابك؟ D'abord, cette mosquée n'accueille pas de femmes, ensuite, où est ton voile ? lance-t-il sur le ton du mépris en lui faisant signe de se couvrir les cheveux.

— Je ne suis pas musulmane, je n'ai pas à porter le voile, ce n'est pas ma religion, vous comprenez ?

— انت هنا في جالمانيا. يجب عليك ارتداء الحجاب مثل النساء المسلمات، وإلا فلن تتمكن من العمل أو العيش هنا. انت تفهم؟ Tu es ici en Djalmanie. Tu dois porter le voile comme les femmes musulmanes. Couvre-toi !

— Je ne comprends pas ce que vous dites. Je commence à peine à apprendre l'arabe mais cette mosquée est une ancienne cathédrale. J'ai le droit de la visiter.

— هيا، هذا يكفي الآن. أنت تَضيعِينَ وقتي. اذهبي وارتدي حجابك Ça suffit. Tu me fais perdre mon temps. Mets ton voile !

Louise n'a d'autre choix que de rebrousser chemin. Elle aurait voulu repousser le gardien et s'introduire de force. Après tout, cette ancienne cathédrale lui appartient aussi, quelque part. Toutefois, mieux vaut ne pas mettre en péril son statut de réfugiée fraîchement acquis, pense-t-elle. Avant son prochain rendez-vous, elle s'arrête chez Mahmoud, l'épicier au coin de la rue principale de Ras Abyad. Comme il le dit lui-même, on trouve de tout chez Mahmoud ! Sur des assiettes de couleur jaune citron aux motifs anciens sont disposés les produits frais. Louise demande deux barquettes d'artichauts confits dans l'huile d'olive ainsi que des câpres à la harissa. Campé derrière son comptoir, Mahmoud ressemble aux Bédouins du désert. On devine dans son regard la silhouette des immenses dunes qui s'étendent à perte de vue. On dirait qu'il vient tout droit des terres arides de la péninsule d'Arabie. Depuis son arrivée dans la ville, Louise a noué une relation de confiance avec lui.

— *Chokran*, Mahmoud. Je vous dois combien ?

— Cinq dinars ! Que se passe-t-il ? Quelque chose ne va pas ? Vous n'avez pas l'air en phase avec vous-même, comme on dit ici !

— Eh bien... J'ai voulu visiter ce matin l'ancienne cathédrale au centre de la ville mais un gardien m'en a refusé l'entrée.

— Les femmes n'y ont pas accès. Et il aurait fallu au moins porter un voile vous couvrant les cheveux pour tenter d'y entrer.

— Mais ce n'est pas ma tradition. Je voulais seulement visiter quelques instants. Ce patrimoine nous appartient aussi à nous... Français.

— Mmmh... Vous refusez de porter le voile ?

— À mes yeux, c'est un signe de soumission de la femme. C'est une rupture d'égalité. Pourquoi je le porterais ? Je suis l'égale de l'homme.

— Je comprends... Mais le voile est d'abord un héritage. Dans le Coran, la sourate 24, versets 30 et 31 indique : « Dis aux croyants qu'ils baissent leurs regards et gardent leur chasteté. C'est plus pur pour eux. Et dis aux croyantes qu'elles baissent leurs regards, qu'elles gardent leur chasteté, et qu'elles ne montrent de leurs parures que ce qui en paraît, et qu'elles rabattent leur voile sur leur poitrine ; et qu'elles ne montrent leurs parures qu'à leur mari, ou à leur père ou à des familiers. » C'est surtout une question de pudeur plutôt que de soumission. Beaucoup de femmes le portent par choix. Il faut respecter ça. Je crois que vous avez pris la mauvaise direction en Occident en diabolisant toutes celles qui portent le voile. Le voile, ce n'est pas l'islamisme. Le voile est devenu une obsession française, c'est bien triste. Vous auriez dû vous inspirer des Britanniques qui ont une vision plus ouverte ! C'est dangereux de lier le voile à l'islamisme. Vous comprenez la différence ?

— Je peux comprendre mais dans ce cas-là, pourquoi ne pas demander ce genre de sacrifice aussi aux hommes ?

— Aux hommes ? dit-il en éclatant de rire, dévoilant une dentition clairsemée.

— Oui, aux hommes. Je suis sérieuse. Ils peuvent aussi se comporter de manière provocante et dans ce cas, les femmes sont en droit d'exiger d'eux aussi un minimum de pudeur et de discrétion.

— La sourate 33, verset 59 dit la chose suivante : « Ô Prophète ! Dis à tes épouses, et à tes filles, et aux femmes des croyants de ramener sur elles leurs grands voiles ; elles en seront plus vite reconnues et exemptes de peine. »

— Mais cette prescription n'impose pas clairement pour les femmes de se couvrir les cheveux. La lecture que vous faites est une interprétation patriarcale du Coran. Il faut changer ça !

— Vous voulez changer quoi ? Le Coran ?

— Pas le changer mais l'adapter à notre époque actuelle, le réformer !

Mahmoud fait signe à Louise de le suivre dans l'arrière-boutique pour poursuivre leur conversation à l'abri d'oreilles indiscrètes et demande à son jeune commis de prendre la relève. Prudent, le commerçant préfère ne pas s'exposer à des risques inutiles alors que la moindre parole dissonante est traquée par la Brigade de répression des migrants.

— Mieux vaut ne pas avoir de problèmes avec la brigade qui veille, dit-il en tirant un épais rideau défraîchi pour mieux les isoler.

39

La petite pièce sombre ressemble à la caverne d'Ali Baba. On trouve vraiment de tout chez Mahmoud. Les étagères débordent de falafels séchés, de boîtes de caviar d'aubergine, de bocaux de feuilles de vigne farcies et de quantité de fèves et d'olives de toutes sortes.

— Réformer l'islam ? Vous êtes folle ? C'est bien une idée d'Occidentaux ça ! Ne dites plus jamais ça en public !

— Tous les textes que vous me citez ont été écrits au VIIe siècle ! Le monde a évolué. Les mœurs ont changé, Mahmoud. Et puis dans ce verset 59, il n'y a aucune référence explicite aux cheveux des femmes. Peut-être s'agit-il d'une allusion aux bijoux. Il y a un nombre infini d'interprétations possibles.

— Vous savez, les écrits de la Bible ne disent pas autre chose. Il y a un texte chrétien du début du IIIe siècle, « La didascalie des apôtres », qui dit : « Toi qui es chrétienne, [...] si tu veux être fidèle ne plais qu'à ton mari, et quand tu marches sur la place publique, couvre-toi la tête avec ton habit, afin que le voile cache ta grande beauté, n'orne pas la face de tes yeux, mais baisse les yeux et marche voilée. » Il faudrait arrêter de blâmer l'islam et balayer un peu devant votre porte aussi. Je vous le dis avec beaucoup de respect mais je vous le dis quand même.

— Je vous réponds avec le même respect mais ce que vous citez de la Bible prouve au contraire que les indications vestimentaires ne sont pas une singularité des musulmanes. Donc ce sont des indications à caractère social et pas tellement religieux.

— Vous êtes nouvelle ici, madame Louise. Je crois que vous ne comprenez pas tout ce qui se joue. Bientôt, nous aurons au pouvoir Raouf Mjaïed qui va exiger des réfugiés installés en Djalmanie qu'ils soient plus musulmans que les musulmans, plus arabes que les Arabes eux-mêmes. Vous devrez montrer patte blanche, comme on dit. Vous savez, il y a un proverbe très ancien que je tiens de ma grand-mère qui elle-même le tenait de sa mère. Elle disait : « Si tu veux vivre en paix dans un village, fais comme ton voisin, vis comme ton voisin, mange comme ton voisin et surtout ne suscite pas sa colère, sa suspicion ou bien sa jalousie. » Vous comprenez ?

— Et donc ? Je devrais me convertir ?

— Je n'ai pas dit ça. Il faut seulement s'assimiler. Vivre comme son voisin. On ne peut avoir qu'une seule culture ! Vous devez déposer de côté votre culture française comme un bagage. Moi, je ne veux pas que mon pays change, je veux que ma Djalmanie reste comme toujours. Je souhaite transmettre notre histoire à mes enfants. Je veux conserver mon identité arabo-musulmane. Je tiens à ma civilisation islamique. Vous ne pouvez pas changer ça ! Pour toute la population, vous autres, les migrants, êtes une menace.

— Vous savez, Mahmoud, dans l'Histoire, les chrétiens ont vécu des périodes très sombres. Il ne faudrait pas que ça recommence comme à l'époque de Saladin qui, sous couvert de magnanimité, a réduit en esclavage énormément de chrétiens. On cite souvent le fait qu'il a épargné les habitants de Jérusalem mais c'est surtout grâce au courage d'un croisé influent, Balian d'Ibelin qui a négocié avec le sultan après une ultime bataille. Les chrétiens ont payé un tribut, une rançon, pour avoir le droit de vivre.

— Laissez-moi vous poser une question, madame Louise. Est-ce que vous avez déjà vu la ferveur des millions de musulmans à La Mecque lors du hadj, l'un des cinq piliers de l'islam ?

— Il m'est arrivé de voir des images aux infos quand il y a des morts terrassés par la chaleur ou écrasés par un énorme mouvement de foule. Pourquoi cette question ?

— « Ô Allah, me voici devant toi », répètent les millions de fidèles qui se présentent en toute humilité devant Dieu dont ils réclament la clémence. Ces images, d'une puissance surnaturelle, sont notre plus grande victoire sur l'Occident. Jamais vous ne connaîtrez pareille ferveur collective !

— Victoire ? C'est comme ça que vous voyez les choses, Mahmoud ?

— Hélas, ce n'est pas ma lecture personnelle mais la réalité. C'est un choc entre des civilisations. La plus solide, la plus vigoureuse des civilisations sera la grande gagnante. Ce sera et c'est déjà la civilisation islamique. C'est pour ça que je vous conseille d'être du côté des vainqueurs, du côté de l'islam. À ce sujet, je crois que votre mari a tout compris.

— Mon mari ? De quoi vous parlez ? Aurélien n'y connaît absolument rien en religion. Il est très éloigné de tout ça...

— Je ne veux surtout pas être indiscret mais il a eu raison de se rendre à la mosquée tout à l'heure.

— Aurélien ? À la mosquée ? Non, non, vous faites erreur, Mahmoud. C'est impossible. Qu'est-ce qu'il irait faire dans une mosquée ? Il ne voulait jamais entrer dans une église en France. Vous êtes sûr que c'est bien lui, avec ses cheveux en bataille ?

— J'en suis certain. Je le jure, sur la tête de mes enfants ! Votre mari est allé à la mosquée.

— Mais pour faire quoi ?

— Prier.

— Quoi ? Mais non, je vous dis que vous faites erreur !

— Je ne veux pas insister et vous mettre en colère. De toute façon, ce ne sont pas mes affaires. Demandez-lui.

— Vous pouvez compter sur moi... Je vais exiger une réponse !

— Si je reviens à ce que je vous disais, il y a deux camps, réfléchissez bien. Et j'ajoute qu'il faudrait en France un président musulman.

— Un musulman à la tête de la France ? C'est vous qui êtes fou !

— Pas du tout. Seul un président français musulman vous permettra de renaître de vos cendres. Écoutez bien ce que je dis.

— Ce serait un scénario de soumission !

— Pas du tout. Ce serait la solution. La seule solution pour que la guerre civile en France s'arrête. Seul un président musulman pourrait parler aux différentes communautés. Et maintenant, je dois vous laisser et reprendre mon travail. Je n'ai qu'une chose à vous dire, en Djalmanie, fais comme les Djalmaniens.

Louise remercie Mahmoud pour sa franchise et se dirige vers son prochain rendez-vous, au CAD, le centre d'assimilation djalmanien, un parcours linguistique pour nouveaux arrivants. À la fin du cycle d'apprentissage, tous les réfugiés passent un examen. En plus de ce questionnaire ils sont soumis à un test de citoyenneté jugeant de l'aptitude ou non à vivre sur le sol djalmanien. Dans la pièce, une vingtaine de personnes patientent avant le début des cours. À côté de Louise, une réfugiée italienne lui confie qu'elle a besoin d'apprendre la langue pour aider ses enfants à l'école. Un autre réfugié, allemand, estime que l'arabe est un précieux sésame pour occuper enfin le poste de technicien qu'il convoite dans une société de transport et espérer obtenir la nationalité.

Tandis qu'ils échangent sur leurs parcours respectifs, la lumière s'éteint. Un film est projeté sur le mur en face du groupe. Diffusé en français, il est sous-titré en italien, en anglais, en allemand et en espagnol.

40

« La Djalmanie a une langue officielle, l'arabe. Sa maîtrise est indispensable. Votre parcours d'assimilation commence dès l'obtention de vos papiers djalmaniens. Pour faire partie de la communauté nationale, il vous faudra apprendre les dictons populaires afin de comprendre et de respecter nos traditions locales. La formation vous est dispensée à temps plein ou à temps partiel par les services de l'État. En Djalmanie, c'est aux réfugiés de s'adapter à la culture du pays, et non l'inverse. Le communautarisme est proscrit et le repli sur les mœurs d'origine est fortement déconseillé. Seule une assimilation totale permettra à une famille étrangère de s'installer, de vivre en paix, en sécurité en Djalmanie. Le non-respect de ce contrat vaut expulsion immédiate. Bienvenue à tous et à toutes en Djalmanie. »

La lumière revient. Une femme au visage sans éclat s'avance. Elle porte un voile de couleur vert tendre qui cache une chevelure abondante. Le cours commence. Chacun s'équipe d'un casque avec traduction simultanée. Sur le tableau, l'enseignante griffonne quelques mots.

Louise a du mal à s'habituer à l'écriture de la droite vers la gauche. Elle bute sur l'alphabet arabe qui ne comporte que les voyelles longues et une majorité de mots formés à partir d'une racine de trois consonnes. Qu'est-ce qui est écrit ? s'interroge-t-elle. Les autres semblent être dans la même incompréhension. Finalement, l'enseignante lit la phrase à haute voix. Dans le casque, la traduction fait frémir l'assemblée. « L'Occident est un oppresseur. Et l'Europe est islamophobe. » La jeune femme se redresse brusquement sur sa chaise et prend la parole.

— Pourquoi dire ça ? Et quel rapport avec notre apprentissage de la langue arabe ?

— Pouvez-vous d'abord vous présenter à toute la classe avant de faire des remarques ? dit l'enseignante en arabe.

Louise attend que la phrase soit traduite. Elle ne s'est jamais sentie aussi abandonnée. Personne d'autre ne semble vouloir protester.

— Eh bien… Je m'appelle Louise Dubreuil. Et… et… je tiens à dire que l'Europe et la France, qui est mon pays, ne sont pas islamophobes.

— Vous n'êtes pas là pour donner votre avis. Vous êtes là pour apprendre. Si vous n'êtes pas d'accord avec ce que je dis, sortez.

Les quelques secondes nécessaires à la traduction semblent interminables. Dans le casque, la phrase de l'enseignante glace une nouvelle fois l'auditoire. Louise n'a d'autre choix que de se rasseoir. Les ennemis de la France ont pris le dessus. À ses yeux, les fautes commises par les élites occidentales sont trop lourdes. L'héritage français a été récusé. Et la cancel culture a fini de soumettre les esprits. Un pays qui a si longtemps craché sur lui-même ne peut plus avoir d'avenir, pense-t-elle. L'enseignante djalmanienne n'a pas tort. Comment respecter un pays qui ne se respecte pas ?

Deux heures plus tard, la jeune mère de famille est de retour à la maison. En arrivant, pour se vider la tête, elle décide de trier les affaires non déballées depuis leur sortie du camp. Les vêtements des garçons ainsi que ceux d'Aurélien sont entassés dans un grand sac de sport. Louise les range minutieusement. Il ne reste plus que le pantalon d'Aurélien parsemé de taches de gras qu'elle engouffre dans le tambour de la machine à laver. Une dose d'anticalcaire ajoutée, elle s'apprête à lancer un cycle lorsqu'un doute la saisit. A-t-elle vérifié les poches ? Son mari a l'habitude d'oublier des mouchoirs en papier qui finissent en peluches. Elle extirpe le pantalon pour l'inspecter. Une petite boîte en bois tombe à ses pieds. En faisant glisser le couvercle, la jeune femme blêmit. L'onde de choc l'atteint au cœur. Elle titube, sa vue se trouble, elle est emperlée de sueur. Des voix enfantines s'élèvent dehors : « Maman ! Maman ! » En état de sidération, Louise parvient toutefois à relever la tête et à regarder par la fenêtre. Deux petites silhouettes s'avancent vers elle en courant. Mathieu et Mattéo sont rentrés de l'école. Comme tous les enfants après les cours, ils ressemblent à de petites bêtes féroces mortes de faim. Louise ne veut rien montrer de son désarroi et cache dans sa poche le détonateur qui va faire exploser sa vie.

Il est vingt heures quand Aurélien fait irruption dans la cuisine.

— Ah, tu es là ! Je t'ai appelée en rentrant, tu n'as pas entendu ton téléphone ? Quelle journée, je te jure. Je n'ai pas eu une seconde à moi aujourd'hui, dit-il en dirigeant son regard vers la table sur laquelle la petite boîte en bois est placée en évidence.

Aurélien se décompose.

— Ce n'est pas ce que tu crois ! Je vais tout t'expliquer. Je te jure sur la tête des garçons que... que c'était pour te sauver ! Te sauver ! Tu m'entends ?

Lentement, la jeune femme fait glisser le couvercle de la boîte et pose le chapelet ensanglanté sur la table. Le chapelet de son père qu'elle avait passé au cou de Malek un soir à Badia est recouvert de son sang séché. Sans un mot, Louise se lève et traverse la maison. L'irrémédiable est accompli.

— Mais où vas-tu à cette heure-ci ? Écoute-moi, je t'en conjure. Je n'avais pas le choix. C'était toi ou lui. Tu es ma femme et la mère de mes enfants, qu'est-ce que je pouvais faire d'autre ? Dis-moi ! Qu'est-ce qu'il fallait faire ? J'ai été obligé ! Pour toi ! hurle-t-il, en pleurs.

La porte claque. Louise erre maintenant dans les rues de Ras Abyad. La nuit est sans limites. Les pages de sa vie sont emportées. Le chapelet ensanglanté sera sa relique. La mort d'un proche est une bombe à fragmentation qui n'a de cesse qu'elle vous éparpille le cœur. Votre tête cogne contre le bois dur du cercueil de l'être aimé. La mort est un livre sans conclusion. Plus vous tournez les pages, plus vous découvrez de nouvelles facettes de la personne disparue.

Louise ne pourra plus jamais discuter avec Malek sous l'épais feuillage vert-jaune à fleurs rouge carmin devant la maison de Badia. L'immense bougainvillier ne couvrira plus leur amour naissant.

Cette certitude lui fait si mal qu'elle caresse l'idée de se retirer du monde. Avant de tout quitter, Louise doit obtenir la réponse à une question qui la ronge. Malek a-t-il été enterré comme il le souhaitait, auprès de son épouse dans le cimetière de Badia ? Elle lui avait promis d'exaucer son vœu. Toute âme mérite la paix. Celle de Malek ne goûtera à la plénitude qu'à la condition d'être aux côtés de sa défunte aimée. « Où a-t-il été enterré ? », murmure Louise de manière obsessionnelle. La catholique qu'elle est sait l'importance de la bénédiction. Le chemin du Christ pour la résurrection des êtres chers. Prier, c'est demander à Dieu de veiller sur nos disparus.

Elle a récemment appris l'importance accordée à l'âme dans la religion musulmane. Mahmoud lui a raconté que lorsqu'un croyant est en train de quitter ce monde, l'islam dit que des anges blancs au visage aussi brillant que le soleil, munis de linceuls parfumés d'une odeur exquise et surnaturelle, viennent entourer le partant. Puis, l'ange de la mort s'avance pour collecter son âme qui est délicatement prélevée comme un précieux liquide. Les autres anges sont ensuite chargés de conserver le fluide dans les linceuls et de remonter vers le ciel. À chaque étape du voyage, un autre groupe d'anges leur demandent : « Quelle est cette bonne âme ? » À quoi ils répondent par les meilleurs noms utilisés pour le désigner au cours de sa vie sur terre. Le voyage s'achève au septième ciel où Allah le Tout-Puissant les attend. Pour une âme mécréante, c'est l'inverse qui se produit. Durant le trajet, un groupe d'anges interroge : « Quelle est cette mauvaise âme ? » À quoi ils répondent par les pires noms qui lui étaient donnés de son vivant. Puis, quand ils arrivent au ciel le plus bas, aucune porte ne s'ouvre pour la mauvaise âme. Et le messager d'Allah de réciter cette phrase : « Ceux-là ne verront jamais s'ouvrir devant eux les portes du Ciel ni n'auront accès au paradis que lorsque le chameau aura traversé le chas d'une aiguille. » Malek et sa bonne âme sont attendus au septième ciel. Louise en est convaincue.

Pour toutes ces raisons, elle se doit absolument de retrouver sa dépouille. Il n'y a qu'une façon d'y arriver, aller voir le patron de la Brigade de répression des migrants. Dans l'obscurité de la nuit de Ras Abyad, elle n'hésite pas à visiter le monstre. Bercée par un chant intérieur, Louise ne craint plus rien. Au plus profond d'elle s'élève une prière mariale. Des moines de siècles passés chantent le *Salve Regina*. L'antienne, adressée à tous les enfants d'Ève, est une ode à la mémoire des défunts afin de leur faciliter le grand passage sur l'autre rive. C'est une mélopée vibrante et grave qui saisit aux tripes.

« Salut, reine, mère de la miséricorde. Vie, douceur, espérance des hommes, salut ! Enfants d'Ève, nous crions vers toi dans notre exil. Vers toi, nous soupirons parmi les cris et les pleurs de cette vallée de larmes. Vers toi, nous soupirons parmi les cris et les pleurs de cette vallée de larmes. Ô toi, notre avocate, tourne vers nous ton regard plein de bonté. Et montre-nous Jésus, le fruit béni de tes entrailles, à l'issue de cet exil. Ô clémente ! Ô bonne ! Ô douce Vierge Marie. »

41

Depuis quelques jours, la radio diffuse des informations inquiétantes. L'Inde montre des signes de rapprochement avec la Russie. « Les forces navales indiennes se tiennent prêtes », ont assuré les plus hautes autorités du pays. Le INS *Betwa* de la flotte indienne a été identifié en pleine manœuvre d'entraînement dans le golfe du Bengale. Niant toute implication directe dans le conflit européen, l'Inde a trouvé le moyen d'aider son partenaire historique en augmentant de manière exponentielle ses achats de pétrole russe. C'est un tournant capital qui se joue pour l'Occident.

Dans les sous-sols de la Direction générale de la sécurité, le monstre n'en croit pas ses yeux. Son ancienne captive est de retour.

— Que me vaut cet honneur ? Je vous manque ? dit-il avec un rire gras.

— Où est-il ?

— Qui ?

— Malek Castellini. Où est-il ?

— Ah, vous voulez dire le traître ? Il est six pieds sous terre pour le crime qu'il a commis sur un garde du camp de Ras Abyad. Vous ne saviez pas qu'il était mort et enterré ?

— Vous l'avez donc exécuté ! Espèce de... Espèce de...

— Dites-le ! Espèce de salaud, c'est ça ? Sauf que le salaud dans cette affaire ce n'est pas moi mais votre mari. Aurélien Dubreuil dit le bon docteur Chaâbane, converti à l'islam.

— Converti à l'islam ? Qu'est-ce que vous racontez ?

— La vérité. Rien que la vérité. Pauvre femme stupide ! Avec Farah, nous n'avons pas eu besoin de beaucoup insister. Votre mari s'est vite rallié et nous a livré Malek, en échange de votre libération et d'une vie confortable.

De nouveau, le sol se dérobe sous ses pieds. Louise s'adosse au mur pour ne pas flancher.

— Mais... mais de quoi Malek a-t-il été reconnu coupable ? Le coup de feu était accidentel. Il est parti tout seul. Un accident ! Il a dévié le pistolet du garde sans vouloir qu'un autre soit tué. Il m'a protégée !

— Il ne s'agit pas de ça. Tout le monde sait que c'était un accident.

— Pas de ça ?! Mais de quoi alors ?

— Le complot.

— Le complot ? Mais quel complot ?

— Votre mari a avoué avoir assisté à la scène.

— Mais quelle scène, à la fin ? Je ne comprends rien !

— Bon, ça suffit maintenant ! Je n'ai pas de temps à perdre avec les histoires entre votre mari et votre amant ! Malek a été reconnu coupable d'avoir fomenté un complot dont le but était d'assassiner notre président Abassi. Votre mari nous a tout raconté. Il a tout livré dans les moindres détails des préparatifs. Dans ce cas, c'est la peine capitale. Fin de l'histoire. Il est mort, une balle dans la tête. Œil pour œil, balle pour balle.

— Mon Dieu ! Tout est faux ! Mensonge ! Mensonge ! Malek ne préparait rien du tout ! Sa seule volonté était d'aider les réfugiés d'Europe ! Oh non ! Mon Dieu ! Vous êtes un monstre. Vous êtes tous des monstres.

— Garde ! Garde ! hurle-t-il pour qu'on vienne faire sortir Louise.

— Attendez, attendez, je vous en prie. Dites-moi où est son corps. Je… je dois l'inhumer dans le cimetière de Badia, là où sa femme est enterrée.

— Quoi ? Vous êtes complètement folle ! Allez, sortez immédiatement d'ici. Espèce de traînée, va !

— N'oubliez pas votre religion, n'oubliez pas l'islam, n'oubliez pas Allah ! hurle Louise.

— Comment osez-vous ?

— Malek était musulman. Vous m'entendez, mu-sul-man ! Il s'est converti pour sa femme. Le Coran appelle à la clémence ! C'est votre devoir de ramener le corps de Malek Castellini auprès de sa femme djalmanienne. Dieu ne vous pardonnera jamais ! Jamais. Vous vous prétendez musulman, mais vous n'appliquez pas les paroles de votre Prophète. Je vous le demande de toutes mes forces, je vous en supplie, enterrez correctement son âme musulmane. N'oubliez pas cette sourate : « Dieu n'impose à aucune âme une charge supérieure à sa capacité. Elle sera récompensée du bien qu'elle aura fait, punie du mal qu'elle aura fait.

Seigneur, ne nous châtie pas s'il nous arrive d'oublier de commettre une erreur. »

Un éclair de compassion traverse le regard du monstre.

— Disparaissez de ma vue. Et ne revenez plus. Je vous préviens, la prochaine fois, vous n'en sortirez pas vivante ! Quant au mort, je ne le ferai pas pour lui et encore moins pour vous, mais pour Allah le Tout-Puissant.

Louise sait qu'il lui faut parler au chef des gardes. Lui seul détient la clé de cette terrible affaire. En sortant du dédale de la Direction générale de la sécurité, elle se précipite vers le camp de réfugiés.

— Qu'est-ce que vous me voulez ? On m'a dit que c'était urgent, grommelle Farah installé dans son fauteuil capitonné face au mur d'écrans de surveillance.

— La vérité. Je veux connaître la vérité, toute la vérité, débite Louise, essoufflée.

— Mais vous avez vu l'heure, espèce de folle ? Qu'est-ce que vous foutez ici en pleine nuit ? Dégagez et rentrez chez vous !

— Je n'ai plus de chez-moi.

— Quoi ? Qu'est-ce que vous racontez ? On vous a obtenu des papiers djalmaniens en règle et une maison pour votre famille. Allez, allez, circulez !

— Je sais tout.

— Vous savez quoi ? se moque ouvertement Farah.

— Du chapelet ensanglanté, de la mise à mort, du mensonge de mon mari...

— Vous savez tout, alors qu'est-ce que vous me voulez ? lance-t-il sur un ton menaçant.

— Pourquoi mon mari s'est-il converti ? Que lui avez-vous promis en échange ? Qui a ordonné la mort de Malek ? Vous avez bousillé ma vie...

— ... Je ne vous dois rien du tout ! ماهر ! ماهر ! تعالوا وأخرجوني هذه المرأة المجنونة وأعيدوها الطبيب شعبان إلى زوجها Maher ! Maher ! viens me faire sortir cette folle et ramène-la chez son mari le docteur Chaâbane !

— Je ne partirai pas. Je ne bougerai pas. Il faudra me tuer !

— Vous tuer ? Vous êtes sacrément courageuse... contrairement à votre mari.

— « Les sentences ne sont dures que pour ceux qui refusent de marcher au tombeau. »

— Quoi ? C'est quoi encore, ça ?

— La phrase de Saint-Just... à la veille d'être guillotiné, à l'âge de vingt-six ans. Et moi, j'ai tout perdu !

— Qu'est-ce que vous avez perdu ?

— Malek Castellini.

— Ce chien était un terroriste.

— Mon mari a menti.

— Votre mari a tout entendu. Il nous a rapporté les faits prouvant la réalité d'un complot qui avait pour but de mettre en danger la sûreté nationale djalmanienne.

— Je vous dis qu'il n'y avait aucun foutu complot ! La dernière à avoir discuté avec Malek, c'est moi. Il voulait aider les réfugiés. C'est un crime ?

— Aider à coloniser notre pays, oui, c'est un crime ! Malek Castellini avait pour projet de remplacer le peuple djalmanien par un peuple nouveau composé de réfugiés occidentaux dévergondés.

— Qu'est-ce que vous racontez ? Vous l'avez assassiné, c'est tout. Personne ne veut remplacer votre peuple. Nous fuyons une guerre. Rien de plus.

— Mensonge ! Vous êtes dans la conquête ! Vous l'avez toujours été. Saint Louis ! C'est votre djihad ! Voilà la réalité !

— C'est totalement faux ! Dans les récits des croisades, il y a très peu de références à l'injonction *Crois ou meurs*. Vous falsifiez la prédication de la croisade. Ils voulaient libérer les lieux les plus sacrés du christianisme, rien d'autre.

— Comme nous ! Libérer de la soumission aux infidèles les lieux les plus sacrés...

— Ça n'a rien à voir ! Jérusalem est la ville où Jésus a prêché, où il est mort et où il doit revenir. S'ils avaient voulu libérer La Mecque ou Médine, ça aurait été un carnage !

— Les croisés étaient des guerriers de Dieu comme les djihadistes le sont pour Allah.

— Les croisés n'étaient pas des martyrs. Les chrétiens ne passent pas de contrat avec Dieu comme les combattants d'Allah pour rejoindre le paradis.

— Faux ! Les croisés menaient ce combat pour sauver leur âme. Ils étaient des martyrs. Vous ne voulez pas l'admettre mais avec quelques siècles d'écart, djihad et croisade sont les deux faces d'une même pièce de l'histoire du monde. Depuis Saint Louis, vous enveloppez toutes vos guerres dans un drap de soie. L'Occident ne voit que son nombril. Quand les États-Unis ont tué Ben Laden, ils ont alimenté sa légende mieux que Ben Laden ne l'aurait fait lui-même de son vivant. Ils ont ouvert la voie au djihad mondial. Le meilleur carburant du djihad, c'est l'Occident lui-même. Vous ignorez tout de nous ! Vous dénoncez un islam conquérant pour soulager votre lâcheté d'avoir abandonné votre propre foi.

— L'islam est dominant, oui ! Je préfère le camp de la lumière occidentale aux ténèbres de votre folie.

— Idiote, inculte ! L'islam est une spiritualité, une histoire, des valeurs. Le djihad est une défense légitime. Djihad pour la liberté !

— Le djihad de guerre, oui !

— Notre résistance est légitime. Le djihad est nécessaire quand on est colonisé, exploité ou opprimé…

— Ah oui, vous êtes de pauvres victimes ! enrage Louise qui n'a plus rien à perdre.

— Vos morts valent plus que les nôtres ? C'est ça ? Avouez-le ! Les morts arabes ne comptent pas. Pour l'opinion publique occidentale, la mort est légitime quand elle touche les populations islamiques. C'est ça, la vérité ! Osez dire le contraire, la met-il au défi en lui lançant un regard haineux.

42

Louise est acculée. Comme Saint Louis cerné par les Mamelouks, elle sent le piège tendu par Farah. Peut-être lui reconnaîtra-t-il une forme de résistance après le combat, tout comme les Mamelouks avaient nommé Saint Louis *le plus ferme chrétien qu'on pût trouver*. Même si Louise finit en prison comme le monarque, elle forcera le respect de ses geôliers. Elle se jette dans la bataille, son dernier combat.

— Et vous ? Vous pouvez m'affirmer droit dans les yeux que l'islam n'a rien à voir avec les attentats, avec les tueries d'innocents ?

— Je l'affirme ! Tous ceux qui tuent au nom d'Allah ne comprennent rien à l'islam. Ils sont formés à la va-vite, ils sont biberonnés aux images de massacres en Irak et en Palestine. Il y a une responsabilité des États. C'est trop facile d'incriminer l'islam. La Grande-Bretagne, les États-Unis, tous sont coresponsables ! Le *Patriot Act* de Bush et les tortures de Guantánamo ont formé des générations et des générations de terroristes ! Humiliations, tortures et brimades, voilà ce que l'Occident a donné pendant des années. Pourquoi vous ne parlez pas de ces sites noirs, des bases secrètes disséminées dans le monde ? C'est légal tout ça ? C'est ça votre civilisation des Lumières ?

— Vous oubliez la raison de ces ripostes ! Le 11 septembre 2001 aux États-Unis, le 13 novembre 2015 en France, le 7 octobre 2023 en Israël, et tant d'autres ! Vous affirmez que ces attentats sont des actes de résistance ? Répondez !

Louise prend le dessus. Farah fait face à une rebelle inattendue tout comme Saladin face à l'un des plus courageux des croisés, Balian d'Ibelin, lors du siège de Jérusalem. Mais le chef des gardes ne s'avoue pas vaincu pour autant. La partie est loin d'être terminée.

— Vous voulez vraiment remonter aux origines ? Allons-y ! Vous n'avez jamais, jamais considéré les immigrés africains et maghrébins comme de vrais Français ! Pour vous, ce sont des Français de papier ! D'ailleurs, la preuve, vous les appelez toujours immigrés ! Mais dites-moi, jusqu'à quand reste-t-on immigré ? Toute sa vie ?

— C'est pour ça que vous nous faites subir le même sort aujourd'hui ? C'est pour ça que vous nous parquez dans des camps ? C'est pour ça que vous avez obligé mon mari à se convertir pour devenir plus djalmanien que les Djalmaniens ? Plus musulman que les musulmans ?

— Ce que j'ai offert à Chaâbane, c'est...

— Arrêtez de l'appeler comme ça ! Il s'appelle Aurélien Dubreuil. Il est né en France. Ses parents sont français. Ses grands-parents sont français.

— Votre mari a accepté lui-même de changer son prénom pour s'appeler Chaâbane. Il a reçu en échange une éthique islamique.

— Et en quoi ça consiste exactement ?

— En Occident, il ne pensait jamais à Dieu ou alors peut-être quand il en avait besoin. En Djalmanie, il a vécu un moment sacré. La révélation a eu lieu dans la mosquée de Ras Abyad. Je l'ai vu se transformer, comprendre le sens profond de la vie. C'est pour ça qu'il fait partie de l'armée des décroisés !

— Mais c'est quoi cette histoire de décroisés ?

— Les décroisés vont venir sauver les déracinés. Et vous en serez la meneuse. Vous allez unir votre peuple.

— Quoi ?

— Vous n'avez pas l'air de comprendre que je vous offre la solution à tous vos maux en Occident. Vous allez pouvoir sauver votre civilisation déclinante. Depuis trop longtemps, vous êtes entrés en hibernation, vous vivez collectivement une sorte de grande dormition qui rime avec démission. Écoutez-moi bien, votre civilisation est fichue. Et d'ailleurs, quelle civilisation ? Vous êtes tellement individualistes qu'il y a autant d'individus que de civilisations chez vous. Votre classe politique est lâche. Vous n'êtes plus au bord du gouffre, vous êtes dedans. Vous n'avez plus d'identité, plus d'ancrage, plus de racines. Votre maison s'effondre. Vous n'êtes même plus capables de dire que vous aimez votre pays, certains ne vous l'autorisent plus car ils considèrent que c'est être d'extrême droite. Alors que nous, en Djalmanie, on crie haut et fort notre amour pour la patrie. Si vous dites que vous aimez la France, on vous regarde de travers dans votre pays. Si vous dites ici que vous aimez la Djalmanie, vous êtes applaudie. Vous voyez la différence ? Et d'ailleurs, est-ce que la France est encore un pays ? La France est-elle encore une nation ? Qu'est-ce qui vous rassemble ? Plus grand-chose. Alors que chez nous, on a djalmanisé nos rêves ! Nos enfants aiment l'histoire de leur nation. On a entretenu le légendaire djalmanien. Chez vous, on lui crache dessus. Heureusement pour vous, je vous offre le remède !

— Et comment ? En me convertissant à l'islam ? C'est ça votre grande idée ?! C'est celui-là votre remède miracle ? Elle ressemble à ça votre potion magique ?

— L'islam sera votre rempart, votre mur porteur, votre bouclier. L'islam n'est pas la soumission, mais la solution. Retenez cette phrase : « Pas la soumission, mais la solution. »

— Mais la solution à quoi exactement ? L'islam ne peut pas devenir majoritaire en France car ses lois sont incompatibles avec les lois de la République.

— Sur ce point, je vous rejoins. L'islam, ce n'est pas qu'une religion. C'est une lumière, une nation, un cadre de vie, une civilisation. Et c'est votre solution pour stopper le déclin de votre culture et l'extinction de votre héritage. Si vous prêtez allégeance à l'islam, vous reviendrez conquérante en France pour vous opposer aux théories déconstructrices. Seul l'islam, civilisation en expansion, sauvera votre pays. L'Europe est devenue une vieille dame qui ne donne plus du tout envie qu'on s'occupe d'elle. Soyez attentive à mon propos. Je sais que vous aimez la politique, que vous avez fait partie du cabinet du ministre des Affaires étrangères, continuez dans ce domaine, une fois rentrée en

France. Changez les choses en étant au sommet de l'État. Je vous le dis sans détour, seul un musulman ou seule une musulmane de nationalité française pourra éviter que le bain de sang et la guerre civile ne se poursuivent en France. En vérité, vous n'avez plus le choix et vous le savez. Soyez consciente que vous allez vers un affrontement permanent. Et le seul et unique moyen d'y échapper, c'est d'élire quelqu'un qui pourra parler à toutes les communautés, et surtout à la communauté qui deviendra majoritaire, les musulmans. Vous pourriez avoir un grand destin, Louise Dubreuil, un très grand destin. Votre père vous regarde du paradis où il se trouve, j'en suis sûr. Votre lecture du monde doit changer. Vos héros ne seront plus Saint Louis et Jeanne d'Arc mais Saladin et Hannibal. Ce sont eux les sources de votre grandeur désormais.

— Et que restera-t-il de notre héritage judéo-chrétien ? C'est l'héritage justement transmis par mon père et auquel je tiens !

— Il est déjà moribond. Et vous le savez. Mais écoutez-moi bien. Pour sauver votre pays, il vous faut un socle solide, une religion insubmersible, des croyances à toute épreuve. On dit bien que Saint Louis a fini par se convertir... grâce à l'envoûtante sultane Chajra al-Dour.

Louise entend le « rire très clair » de Saint Louis, comme l'écrivait Joinville. Comment croire un instant que ce roi si chrétien aurait pu se convertir à l'islam ? Comment penser qu'un tel monarque animé par la recherche de justice et de vertu aurait cédé à ses adversaires ? La ruse de Farah est bien trop grossière. La jeune femme se rebelle.

— C'est ridicule ! Ça vous arrange de diffuser cette légende. Au nom de sa foi, Louis IX a refusé. Parlons plutôt de la conversion des musulmans sous Louis IX. Des sarrasins devenus chrétiens... Il les a fait baptiser et instruire dans la foi du Christ.

— Il y a et il y aura toujours des traîtres dans l'Histoire !

— Des soldats, des chefs militaires, des élites, tous se sont convertis...

— Faux ! Des blessés, des veuves, des orphelins auxquels il a été proposé en échange des cadeaux et des faveurs ! Des faibles qui n'ont pas eu le choix...

— Il y a eu un véritable mouvement, un élan pour christianiser et évangéliser le monde entier.

— Et tout s'est terminé à Tunis avec la mort de votre évangélisateur ! Aujourd'hui, je vous offre un îlot de lumière en pleine nuit. Si vous ne le faites pas pour votre pays, faites-le au moins... par amour !

— Quoi ?

Louise, ébranlée, l'observe d'un air soudainement triste. L'atmosphère humide, qui s'engouffre par la fenêtre laissée ouverte, lui donne la chair de poule...

— Malek Castellini s'était converti après la mort de sa femme. Aurez-vous le même geste de grandeur et d'éternelle noblesse ? demande Farah en plissant les yeux comme pour mieux scruter chaque mouvement du visage de la jeune femme.

— Comment osez-vous parler de grandeur alors que c'est vous qui l'avez fait exécuter comme un chien dans un sous-sol ! se révolte Louise en s'agrippant au dossier d'une chaise pour ne pas chanceler.

— Mais c'est votre mari qui, par ses aveux, a appuyé sur la détente. Maintenant, vous êtes seule face au choix le plus important de votre vie. Le patron de la Brigade de répression des migrants m'a dit que vous souhaitiez que la dépouille de Malek soit transférée ?

— Il le faut ! Il doit reposer au cimetière de Badia sinon... sinon... pour trouver la paix. Malek est un martyr ! Il a donné sa vie pour une cause noble.

— Il a donné sa vie pour vous.

— Non ! Il a donné sa vie pour les réfugiés, pour ceux qui fuient la guerre. Un homme d'honneur. Un homme dont la rectitude morale a guidé la vie. Un combattant de la liberté. Un homme libre. Et ça, vous ne l'avez pas supporté.

— Ça suffit. Acceptez mes conditions et sa dépouille sera transférée demain à la première heure.

— Quel honteux chantage ! s'offusque-t-elle tandis que son cœur brûle en silence et que la douleur suinte de son âme.

À cet instant, elle pense de nouveau à la maxime de son professeur, M. Petit : « Même un chat noir, dans un sac noir, enfermé dans une pièce noire, doit garder espoir. » C'est un véritable corps-à-corps qui se joue avec Farah.

— En Djalmanie, fais comme les Djalmaniens. Vous vivrez en paix. Ce n'est pas du chantage, c'est un choix. Un simple choix que Dieu vous propose.

— Dieu ?

— Oui, vous avez le choix entre suivre la voix du *sheitan* ou bien nettoyer votre âme. Dépouillez-vous de tout. Le diable est d'abord en nous avant d'être à l'extérieur. Écoutez ce conte du grand maître spirituel Djalâl al-Dîn

Rûmî. Un homme qui habitait la ville de Gazna se prénommait Serrezi mais tout le monde l'appelait Mohamed. Cet homme de foi ne rompait son jeûne qu'à la nuit tombée en se nourrissant uniquement de quelques feuilles de vigne. Il était animé d'une grande volonté et voulait par-dessus tout voir le visage de Dieu.

« Un jour, il monta au sommet d'une montagne et appela : "Ô mon Dieu, laisse-moi voir la beauté de ton visage ou bien je me jette dans le vide." Dieu répondit : "Le moment n'est pas encore venu et si tu tombes, ça ne suffira pas pour te tuer." Porté par une grande tristesse, l'homme se jeta dans le vide. Mais comme le lui prédisait le Tout-Puissant, il échappa à la mort. Il se mit alors à se lamenter. Sa vie ne rimait plus à rien, jusqu'au jour où un verset du Coran est entré dans son cœur. "La vie existe même dans la mort", est-il écrit. Puis il entendit une voix qui lui dit : "Quitte la prairie et retourne en ville. — Quelle utilité pour moi de retourner là-bas ?" interrogea l'homme, surpris de cette injonction. "Va pour mendier. Récolte de l'argent auprès des riches et distribue-le aux pauvres. — Je vais t'obéir", promit Serrezi. Revigoré par cet ordre divin, il arriva en ville où le soleil éclatait d'une éblouissante lumière. Les pauvres l'attendaient avec impatience et les riches avaient préparé pour lui un immense palais pour le loger. Il refusa le palais et, muni de son panier, il entama sa tournée dans toutes les rues et ruelles de la cité. Il visita des centaines de demeures et se rendit jusqu'à quatre reprises au domicile d'un riche émir. Au bout de la quatrième visite, excédé, le riche propriétaire lui lança : "Je ne suis pas avare mais quelle imprudence que la tienne. C'est la quatrième fois que tu viens chez moi ! Tu déshonores les pauvres." Le serviteur de Dieu répliqua : "Tais-toi, ô émir. Tu ne sais rien du feu qui me ronge. Tu ne sais pas que durant sept longues années, je n'ai mangé que des feuilles de vigne." Touché, l'émir se mit à pleurer et proposa à Serrezi tous ses biens. "Ce n'est pas ce que Dieu m'a demandé", dit-il en partant. Il poursuivit ainsi pendant deux ans sa tournée jusqu'au jour où Dieu l'interpella de nouveau. "Ne demande plus rien à personne. Dorénavant, si un pauvre veut la charité, mets la main sous ta natte de paille et la terre se changera en or." Ce que fit l'homme en distribuant de l'or. Serrezi anticipait les besoins de tous. Quand un mendiant l'interpella : "D'où te vient ce don ?" Ce à quoi il répondit : "Mon cœur est vide. Je n'ai d'autre souci que l'amour de Dieu. Et maintenant, quand je vois un reflet dans l'eau, je sais qu'il vient d'en haut. Mais pour le voir, il faut que l'eau soit pure."

« La leçon de ce conte nous invite à nettoyer notre âme pour enfin accéder à la pureté. Vous comprenez ? Serrezi a vu le visage de Dieu dans le reflet de l'eau en se purifiant. À vous aujourd'hui de vous purifier. Suivez-moi.

43

Farah se lève et saisit son téléphone portable. Son doigt glisse sur l'écran et s'arrête sur une vidéo. Il clique. Le pèlerinage de La Mecque s'affiche en même temps que la ronde du monde s'arrête. Le VIIe siècle s'invite brutalement dans le XXIe.

Des millions de fidèles prient, sanctifiés par la force de leur foi. La Kaaba est enveloppée de noir et d'or. Sur le drapé, Louise distingue de fines calligraphies de versets coraniques. On dirait l'écriture d'un moineau tenant délicatement un stylo à plume. Des croyants s'agrippent aux tentures sacrées comme le manteau de Dieu. Une impression de légèreté émane de l'édifice. Tout sembler flotter sous un ciel de lumière tel le mariage parfait entre la grandeur et la simplicité. Un brouhaha de hall de gare s'élève. Autour de la masse noire, la chorale géante tourne de manière hypnotique. Louise est aimantée par ce cube symbole d'adoration pour les musulmans et fascinée par la chorégraphie des croyants. Dans son esprit défilent des images de différents lieux sacrés, à la fois musulmans et chrétiens.

Elle aperçoit d'immenses colonnes pourpres soutenant un dôme majestueux à Istanbul. Des chapiteaux sculptés de fine dentelle de pierre au Caire. Des vitraux traversés par une lumière de feu à Conques. Des mosaïques aux mille couleurs à Carthage. Des scènes bibliques dans la basilique de Ravenne. La croix et le croissant. Le croissant et la croix.

Dans ses pupilles, l'éclair invisible d'éternité. En convoquant son for intérieur, elle sent la présence de Malek. Farah poursuit son propos.

— Tendez l'oreille pour écouter le chuchotement de Dieu. Laissez-vous submerger par la mélodie de la vie éternelle. Regardez par cette fenêtre ouverte sur des siècles et des siècles. Écoutez le génie de l'islam. Levez la tête pour voir ce qui vient de très loin et de très haut. Les morts se mêlent à la présence des vivants. Votre culture est moribonde. Épousez la nôtre. Choisissez de vivre à la djalmanienne. Je vous fais alors la promesse de transférer la dépouille de Malek. Comme c'est écrit dans l'Apocalypse, *le temps des mille ans s'achève*. C'est la fin de votre monde. Louise, vous n'êtes pas une femme ordinaire. Vous êtes la décroisée. Et ne l'oubliez jamais, « où que vous vous tourniez, là est la face de Dieu », c'est l'une des phrases les plus importantes du Coran, assène Farah.

La lumière du matin perce déjà. Premières lueurs d'un jour nouveau. Ils ont passé la nuit à discuter. Un silence annonciateur d'un bouleversement se propage. Un garde fait irruption dans la tour de surveillance. Grand, d'une maigreur morbide, il porte une barbe qui allonge son visage triangulaire. Haletant, il hurle quelques mots en arabe et aussitôt Farah, dont le visage s'est brusquement décomposé, se précipite pour allumer le poste de télévision. Sous les yeux de Louise se déroule une scène sidérante.

— Nos clochers remplaceront vos minarets ! hurle l'homme du haut de la grande mosquée de Badia.

Quinze mètres plus bas, des dizaines de voitures de police encerclent l'édifice religieux. Des tireurs d'élite sont embusqués sur les toits des immeubles aux alentours. Un char de combat Leopard 2 bloque l'avenue principale. Diffusée en direct sur les antennes nationales, la scène tient le pays en haleine depuis une bonne demi-heure. Agrippé à l'un des haut-parleurs du monument et muni d'une sorte de grosse masse métallique, l'individu menace de démolir la pointe du minaret et d'y installer à la place une croix en bois qu'il vient d'extraire de son sac à dos. Sourd aux multiples sommations des brigades d'intervention, les yeux hagards et le visage déformé par l'effort, il porte un premier coup qui fait vaciller le point le plus élevé du bâtiment.

Sur le toit d'en face, à environ quatre cents mètres de la cible, un sniper attend les ordres. Le tout sous l'œil des caméras. Il règle la mise au point jusqu'à obtenir l'homme en plein centre de son viseur. Avec un calme déterminé, il l'observe à travers la lunette longue portée de son fusil DAN.338 quand soudain la cible porte un deuxième coup, faisant s'effondrer en un seul bloc le croissant. Aussitôt, il installe sa croix en récitant à voix haute des paroles de Jésus.

— « Ne croyez pas que je sois venu apporter la paix sur terre ! Je ne suis pas venu apporter la paix, mais l'épée ! »

Et tandis que dans un ultime élan, il lève le bras pour se signer, une balle fait exploser son crâne et son sang gicle sur la croix qui a remplacé le croissant.

Désarticulé comme un pantin, l'homme chute de plusieurs mètres. Sans la moindre manifestation d'émotion, le sniper range méthodiquement son arme et ôte son foulard de camouflage tout en dissimulant son visage aux caméras. Sa journée de travail vient de s'achever.

Devant la télévision, Louise est défigurée par la peur. Dans ses veines, coule une rivière de sang bouillonnant. Farah sort précipitamment en appelant tous ses gardes. La situation est explosive. La Djalmanie vient de déclencher le niveau rouge de son plan de défense et la fermeture de ses frontières. Des hommes en noir patrouillent dans les rues à la recherche d'éventuels complices de l'auteur de l'attentat contre la mosquée de Badia. Selon les premières informations de la presse, il s'agirait d'un étranger en situation irrégulière inconnu des services de police et de renseignements. Henri B. est décrit comme étant psychologiquement instable et souffrant de troubles psychiatriques avérés. Arrivé il y a quelques mois en Djalmanie, l'homme résidait dans le centre de réfugiés de Ras Abyad. Son container portait le numéro 233, le compartiment voisin de celui des Dubreuil. Louise se souvient de ce jeune homme aux cheveux longs et drus et de sa dernière conversation avec lui au sujet de la phrase de Jésus à ses apôtres. Elle se remémore des termes précis de leur échange :

« "Ne croyez pas que je sois venu apporter la paix sur terre ! Je ne suis pas venu apporter la paix, mais l'épée."

Jésus me guide. C'est un message qui m'est envoyé directement. Tu comprends ce que je veux dire, Louise ?

— Ne dis pas de bêtises, Henri. Tu ne devrais pas te faire autant remarquer ici. Tu viens d'arriver à Ras Abyad et déjà les gardes du camp t'ont à l'œil.

— C'est ma mission ! Ma mission !

— Chut ! Doucement. Ils vont t'entendre et penser que tu es fou !

— Je ne suis pas fou ! Je suis habité par les paroles de Jésus.

— Tu interprètes mal les paroles de Jésus ! Tout comme les islamistes avec le Coran !

— C'est très clair dans mon esprit ! Il faut porter haut, très haut l'épée.

— Mais tu es complètement dingue, ma parole ! Jésus ne parle pas de l'arme qui blesse et tue mais de la vérité qui divise l'humanité en deux groupes, les croyants et les non-croyants. Ça veut dire que la parole est un glaive qui tranche entre le juste et l'injuste, entre le vrai et le faux. Jésus résiste, conteste. Il en est mort alors qu'il apportait le Bien. Et puis, ça suffit maintenant ! Tu ne sais vraiment pas ce que tu dis. Tu vas nous attirer des ennuis.

— Un jour tu entendras parler de moi ! Vous tous entendrez parler de moi ! Les paroles de Jésus sont limpides comme de l'eau bénite. L'épée, c'est la guerre, le conflit, la vengeance. L'heure a sonné.

— Henri, tu ne peux pas interpréter comme tu veux les paroles de Jésus ! Elles nous rappellent que les disciples ont vécu une période sombre marquée par le sang et les persécutions. Et que résister n'est pas un appel à une guerre sainte, surtout aujourd'hui ! Tu déformes le sens de ces profondes paroles.

— Les paroles de Jésus sont un appel à la guerre sainte, je te dis !

— Mais tu n'es pas un terroriste ! Les islamistes dévoient le Coran pour faire couler le sang. Tu n'as pas le droit de faire la même chose avec les paroles de Jésus. Tu es en grande dépression. Tu dois te faire soigner, Henri. Tu es malade. Je prie Dieu pour éloigner de toi le mal.

— Tu verras, Louise. Tu verras... La foi par la preuve ! Dans ce monde chaotique, l'ordre doit régner. Il faut un ordre nouveau dans le silence, la méditation et la contemplation. Nous ne sommes que de pauvres âmes à l'écoute des paroles de Jésus. Il m'a envoyé un message. Le moment est venu. L'heure a sonné, l'heure d'une nouvelle croisade chez les infidèles.

— Pauvre fou !

— Je suis le continuateur. La vérité doit s'élever comme la lumière sous le boisseau. Il faut frapper le monde pour le forger à la convenance de Dieu, de la Bible. Je suis guidé et soutenu par le Christ. »

Ce furent les derniers mots du jeune homme. Louise ne l'avait plus jamais revu.

Quelques jours après l'attentat de la mosquée, la dépouille de Malek fut discrètement transférée dans le cimetière du gouvernorat de T'seken. Le patron de la BRM et le chef des gardes ont tenu leur promesse. Le fondateur du Croissant-Rouge djalmanien repose à tout jamais aux côtés de son épouse, Sofia.

Louise a rompu tout lien avec Aurélien, dit Chaâbane, qui vit seul dans la maison de Ras Abyad et exerce dans le camp, tandis que la mère de famille s'est installée avec ses deux garçons dans la maison de Malek.

Depuis ce modeste refuge, sous l'immense bougainvillier, elle s'émerveille chaque jour du miracle d'une vie contemplative, la fenêtre grande ouverte sur le cimetière.

Épilogue

Deux années ont passé. Aujourd'hui, on ne sait pas grand-chose de Louise. Des rumeurs, selon lesquelles elle se serait convertie à l'islam, rejaillissent régulièrement sans qu'elles soient jamais confirmées. Certains racontent qu'elle aurait eu une révélation, un moment sacré après sa longue conversation avec Farah. A-t-elle vécu, elle aussi, sa « nuit de feu » ? Était-ce une nuit mystique ? Une conversion ? Les rares témoins racontent qu'elle aurait vécu un changement semblable à un jaillissement de sacré et qu'une puissance intérieure l'aurait ébranlée. D'autres assurent au contraire qu'elle n'aurait jamais abandonné sa culture d'origine et sa religion chrétienne.

Où est la vérité ? Peut-être à mi-chemin.

Louise caresse du bout des doigts le chapelet de Malek qu'elle porte toujours au cou. Elle entame une longue quête de la vérité. Des citations tirées du Coran et de la Bible s'entrechoquent dans sa tête. « L'homme porte son destin attaché au cou », est-il écrit dans le saint livre des musulmans. « Dieu a une destinée pour vous, et il désire la révéler. Mais il ne va pas vous plaquer au sol. Il ne va pas prendre le dessus et l'imposer », dit la Bible.

Nous sommes le 16 août 2037. Après deux ans d'exil à Badia, la jeune femme est de retour en France. La guerre entre la Russie de Babotchkine et l'Europe vient de s'achever à la faveur d'un cessez-le-feu signé dans la douleur et le sang. Le président américain, George Prescott Bush Jr., a mis tout son poids dans la balance pour faire céder les deux parties. François Bernard, qui a été maintenu au pouvoir comme le permet la Constitution française en cas de guerre, a été poussé à la démission.

Le roi du Royaume-Uni de Grande-Bretagne et d'Irlande du Nord, William V, vient d'accéder au trône, à l'âge de cinquante-cinq ans, après la mort de son père Charles III.

L'un des onze fils d'Elon Musk, prénommé Techno Mechanicus, a mis au point, à seulement quinze ans, une IA dotée de bon sens et d'une large palette d'émotions que l'on appelle « intelligence émotionnelle artificielle ».

En Djalmanie, Raouf Mjaïed, leader national-populiste à la tête du parti « Djalmanie d'abord », est arrivé au pouvoir en surfant sur un sentiment anti-immigrés de plus en plus intense. Seyyed Yaser Khomeini, l'arrière-petit-fils de l'ex-guide religieux et fondateur de la République islamique, Rouhollah Khomeini, crie victoire. La bombe atomique iranienne est définitivement au point.

Le Proche-Orient est en ébullition. Le Sud global voit son heure arriver. Israël est en danger de mort, l'Europe en ruine. L'Occident agonise. La civilisation judéo-chrétienne n'est plus qu'une ombre sans âme. Louise Dubreuil pose le pied sur sa terre retrouvée.

Son destin de décroisée commence.

Composition et mise en pages
Nord Compo à Villeneuve-d'Ascq

Achevé d'imprimer en août 2024
sur Roto-Page par l'Imprimerie Floch à Mayenne
pour le compte des Éditions Fayard
13, rue du Montparnasse 75006 Paris

PAPIER CERTIFIÉ

Fayard s'engage pour l'environnement en réduisant l'empreinte carbone de ses livres. Celle de cet exemplaire est de :
600 g éq. CO_2
Rendez-vous sur www.fayard-durable.fr

N° d'éditeur : 36.6026.0/01
N° d'imprimeur : 105390
Dépôt légal : septembre 2024
Imprimé en France